図解

子どもに迷惑かけたくなければ相続の準備は自分でしなさい

公認会計士・税理士
五十嵐明彦

Discover
ディスカヴァー

はじめに

みなさんにも相続税がかかる。そんな時代がやってきました。

以前から話題になっていた税制改正が現実となり、平成27年1月1日から相続税の大増税がはじまっています。主な改正点は、

・基礎控除額の引き下げ

・最高税率の引き上げ

です。これにより、課税対象となる人の割合は、これまでの4・1%から6%へと50%も増え、課税対象者は年間5万人前後から7万人台へと、一気に増加することが見込まれています。

つまり、これまで相続税に縁がなかったかもしれないみなさんにも、相続税対策が必要になる時代がやってきたというわけです。

裁判所が公表する司法統計によると、「遺産をどのように分けるか」という遺産分割をめぐって争った事件の数は右肩上がりに増え続けていて、平成元年には年間8430件だったものが平成22年には年間1万3597件と大幅に増加しています。

また、相続税の改正は増税ですが、同時に贈与税については「減税」が行われています。これは、国としては高齢者が持っている(はずの)お金(財産)に着目し、「できるだけ早い時期、自分が生きているうちにお金を次の世代に回してください」という腹づもりかもしれません。このこととあいまって相続税制の改正全体が、「高額の財産をもつ人の狙い撃ちだ」「いや、結局、財産の多い人の優遇策だ」などと、いろいろな意見が飛び交っているのです。

「相続争いなんてお金持ちの話」と考えられがちですが、実は家庭裁判所で行われた遺産分割調停のうち、相続財産が5000万円以下の案件が全体の約75%を占めているというデータもあります。相続の問題は相

続財産の大小にかかわらず、必ずみなさん（みなさんの家族）に生じる問題であるというわけです。

このような時代のなかで、相続についてより理解を深めていただけるよう、本書はできる限りみなさんに身近な話題で、簡単に読める事例を取り入れながら、相続対策について図解を盛り込んで解説しました。

相続対策には専門知識が必要なため、実はそのすべてをみなさんがご自身の手で行うには限界があります。税金面については税理士のサポートが、法律面については弁護士や司法書士のサポートが必要になり、不動産なら不動産の専門家のアドバイスが必要になります。

しかし、税理士や弁護士といった専門家のサポートを受けるにも、みなさんが相続に関する基礎知識（相談するにも相続についてまったく知らなければ相談できないですよね）をもつことは大事ですし、相続が発生する前にみなさん自身で行える対策（これには10年以上かけて行う対策や、時間をかければかけるほど効果が出る対策もあります）を事前に知っておくことは、とても大切なことです。

いざ相続が発生したとき、事前の対策をすませていれば、手続きは滞りなく進むはずです。

本書はタイトルのとおり、子どもに相続をさせる親が、どうやって相続の準備をしたらよいかについて書いています。また、２０１３年に新書判で刊行しベストセラーとなった『子どもに迷惑かけたくなければ相続の準備は自分でしなさい』をもとに、見開き読み切りで図解を盛り込むことで、より理解しやすい内容を心がけました。そのため、親だけでなくお子さんが読み、相続対策について親子で話し合うきっかけをつくるときにも有効です。

本書をきっかけにみなさんが一日でも早く相続対策をはじめられ、スムーズに相続が進むことを心より願っております。

公認会計士・税理士　五十嵐　明彦

CONTENTS

図解 子どもに迷惑かけたくなければ相続の準備は自分でしなさい

PART1

事前準備は元気なうちから

さあ、相続の準備をはじめてみよう！

01

みなさんが亡くなると、お子さんを中心にご家族はまず、死亡届を役所に提出し、葬儀を手配し、葬儀をすませ、お墓の手配……と慌ただしい日々を過ごします。これが落ち着くと、今度は財産の相続やその他の事務手続きに入ります。

このように家族にとって相続は、実は想像以上の気力と体力を使うものです。

ちなみに「相続の手続き」で、ご家族の方からご相談を受けるのは、

- **遺言書があるかないかわからない**
- **遺言書があると聞いていたのに、どこに保管してあるかわからない**
- **どんな財産があるのかわからない**
- **金庫があるが開かない**

など、本当にさまざまです。

たとえば金庫一つとっても、開け方がわからないと、それだけで家族は業者を呼ばなければなりませんので、手間やお金がかかります。あるのかないのかさえわからない遺言書を探すとなると、それは至難の業です。

このようなことが起こらないよう、できればみなさんは元気なうちに家族のことを考え、みなさん自身でできる限りの準備ができると、残された人が困ることがありません。さらには、最後まであなたが配慮をしたことに、家族は感謝の気持ちをもつでしょう。

●相続とは？

その前に、「相続とは何か」について、少し説明します。

「自分の財産を生きている間に子どもに相続させたい」。相続の相談を受けるときに、よくこのような話があります。気持ちはよくわかるのですが、生きている間は財産を相続させることはできません。

相続とは、亡くなった人の財産を残された家族が引き継ぐこと。ですから、自分の財産を相続させるためには、自分が死ななければならないということです。

ちなみに、このとき財産を相続させる人（あなた）を「被相続人」、財産を引き継ぐ人を「相続人」といいます。

これに対して、生きている間に財産を人にあげることを贈与といいます。これなら亡くなる前に財産を引き継ぐことが可能です。

相続も贈与も自分の財産を他の人に引き継ぐという意味では同じですが、相続はみなさんの財産をみなさんが亡くなったあとに引き継ぐのに対し、贈与は生きている間に引き継ぐという点で異なります。

準備のために欠かせない「相続の用語10」

□	①相続	人が亡くなったときに、その人の財産を、その人の配偶者や子などが受け継ぐこと。現金や預金、不動産といったプラスの財産だけでなく、借金などのマイナスの財産もその対象となる。
□	②相続税	亡くなった人の財産を相続により取得したときや遺言によって財産を取得したときに生じる税金のこと。取得した財産が一定額（基礎控除額）以下であれば、相続税はかからない。
□	③遺贈	財産を、遺言によって譲ること。譲る相手は、相続人のほか相続人以外の人、法人も含まれる。なお、遺贈には、包括遺贈と特定遺贈がある。包括遺贈とは、財産の全部・全体に対する配分割合を示して譲ること。一方の特定遺贈とは、財産のうち特定の財産を示して譲ること。
□	④贈与	お互いの合意のうえで財産を無償であげること。民法では「当事者の一方が自己の財産を、無償で相手方に与える意思表示をして、相手方が受諾することによって、その効力を生ずる契約」と定めているため、一方の意思表示だけでは贈与としては成り立たない。
□	⑤贈与税	生きている人の財産をもらったときにかかる税金のこと。通常の贈与の場合、原則として、「年間110万円」を超えると贈与税がかかる。1年間とは1月1日～12月31日まで。
□	⑥被相続人	相続によって承継する財産や権利義務のもとの所有者のこと。
□	⑦相続人	被相続人が亡くなったときに、相続する（相続を受ける）権利がある人のこと。被相続人に配偶者がいれば配偶者は常に相続人になる。
□	⑧遺言	被相続人が亡くなる前に、その最終の意思表示を形にし、死後に実現を図るもの。
□	⑨遺言書	遺言の内容を法的な要件を満たしたうえで記された書面。普通方式（自筆証書遺言、公正証書遺言、秘密証書遺言）と特別方式とがある。
□	⑩遺書	「私が死んだら、あの家で仲よく暮らしてほしい」など、残された家族へ自分の思いを伝えるもの。遺言書とは異なり法的な定めはなく、内容も形式なども自由で、必ず書面にしなければならないわけでもない。

02

誰が財産を相続できるのか？

みなさんが財産を相続させる相続人は、法律によって定められています。法律で定められた相続人のことを「法定相続人」といいます。

●配偶者は必ず法定相続人

まず、あなたの夫または妻（配偶者）は必ず法定相続人になります。それ以外、法定相続人になれるのは、あなたの子ども、あなたの両親、あなたの兄弟姉妹です。

ただし全員がなれるわけではありません。そこには優先順位があります。配偶者以外は、

1位……子ども
2位……父母
3位……兄弟姉妹

の順で優先権をもっています（順位が一番上の人しか相続人にはなれないという意味です）。

あなたに子どもがいる場合、あなたの配偶者と子どもが相続権をもちます。この場合あなたの両親や兄弟姉妹に相続する権利はありません。

法律では、配偶者をのぞくと原則として血のつながっている人しか相続できず、血のつながりが濃い人ほど、優先的に相続ができるしくみになっています。

もしもみなさんに子どもがいなければ、みなさんの親に相続の権利があります。もしも子どもがなく、かつ、すでにご両親も亡くなっていれば、みなさんの兄弟姉妹に相続権があることになります。

つまり配偶者と子、あるいは配偶者と親、配偶者と兄弟など、配偶者以外は属性が一つに限られ、二者で相続するということです（配偶者が亡くなっていたら子のみ、親のみ、兄弟のみです）。

●代襲相続とは？

みなさんの子どもが亡くなっている場合で、その亡くなった子どもに子ども（つまり、みなさんの孫）がいる場合には、子どもの相続権はそのまま孫に引き継がれます。これを代襲相続といいます。

その他、養子や胎児（お腹のなかの赤ちゃん）、認知した子（愛人との子など）は法定相続人になれますが、配偶者の連れ子、子どもの配偶者などは、みなさんと法律上の血縁関係がありませんから法定相続人にはなれません。

もし、配偶者の連れ子や子どもの配偶者を法定相続人にしたければ、自分の養子にする必要があります。また、愛人や内縁の妻（夫）は、みなさんと法律上の夫婦ではないため、法定相続人にはなれません。

書き込み式　法定相続のルール

法定相続の言葉どおり、相続の範囲と順位は法律によって決まっています。それぞれ、自分のケースで、名前を書き込んでみましょう。

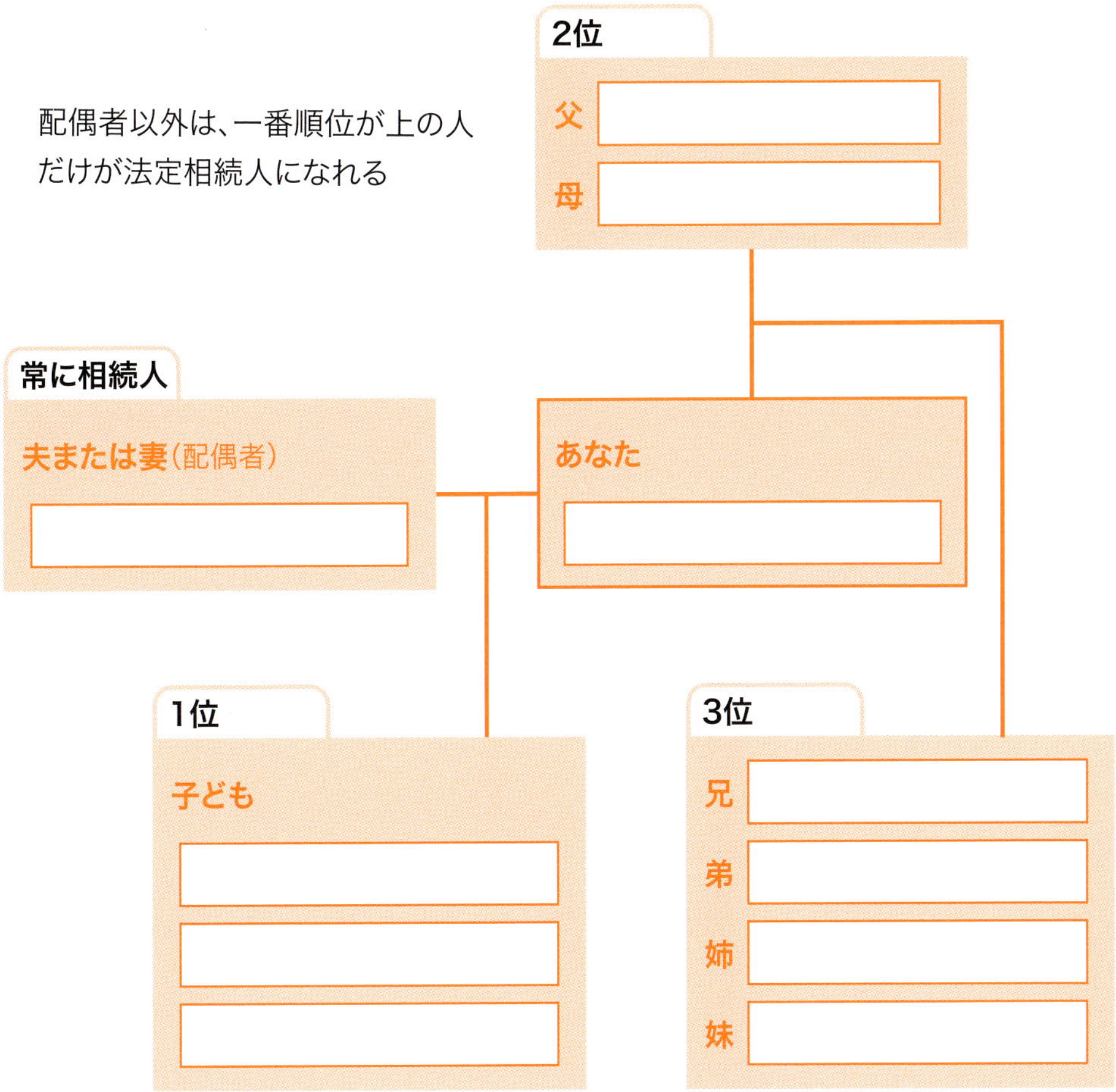

子どもがいる場合

①配偶者と子どものみが法定相続人となる。
②配偶者がすでに亡くなっている場合は、子どもだけが法定相続人となる。

03

財産はどうやって分けるのか？

相続をするお子さんの側から、よく次のような質問を受けます。

「兄が、自分は長男だから自分の好きなだけ相続できるといっているのですが、それは本当ですか」「嫁に出てしまった私は、両親の財産を相続できないのでしょうか」

お子さん方は口には出さなくても、相続したときの自分の取り分について関心があるものです。

ちなみに法律では、相続人が誰かということとともに、相続人それぞれの取り分が決められています。この取り分のことを「法定相続分」といいます。

相続人が一人であれば、その人がすべての財産を相続することになるので、何も争いは生じません。

しかし、ほとんどの相続では配偶者と子ども（いれば複数）の間で財産を分けることになります。

その場合、分けるときに少しでもトラブルをなくすために、それぞれの取り分が法律によって定められているというわけです。

●法定相続分はあくまで基準

左図にあるとおり、たとえばみなさんに子どもが二人いたとしたら、長男もお嫁に出た娘も「子ども」ということで、法律上、取り分は同じです。

ただし、ここまでは混乱を避けるために明確な表記を避けてきましたが、実は法定相続分というのは、法律で定められているとはいっても、財産を分けるときにもめた場合などの一つの基準として示されているものです。

実際には、法定されたとおりに財産を分けなければならないというものではありません。

●まずは遺言書を優先する

では、実際にはどのように財産の取り分を決めるかです。これを「遺産分割」といいます。すなわちどのように遺産分割するのかは、あなたが家族に残す「遺言書」によって決まります。

遺言書がある場合には、基本的に遺言書にしたがって財産を分けることになります。

遺言書がない場合には、法定相続人が自分たちで話し合いをして、取り分を決めていきます。このときよく参考にされるのが、先に示した法定相続分というわけです。

ですから、みなさんが遺言書を残すか残さないかということは、相続財産が大きいかどうかにかかわらず、とても大きな問題なのです。

法定相続分のカンタン計算シート

法律によって決まっている法定相続分について、設定のケースで金額を書き込んでみましょう。

相続財産の額が5000万円の場合は？

順位	1位	2位	3位
法定相続人と法定相続分	①配偶者 1/2 A ②子ども 1/2 B	①配偶者 2/3 C ②父母 1/3 D	①配偶者 3/4 E ②兄弟姉妹 1/4 F
備考	配偶者がいなければ子どもがすべて相続する	配偶者がいなければ父母がすべて相続する	配偶者がいなければ兄弟姉妹がすべて相続する

例）夫婦と子ども2人の場合

相続財産が5000万円とすると……

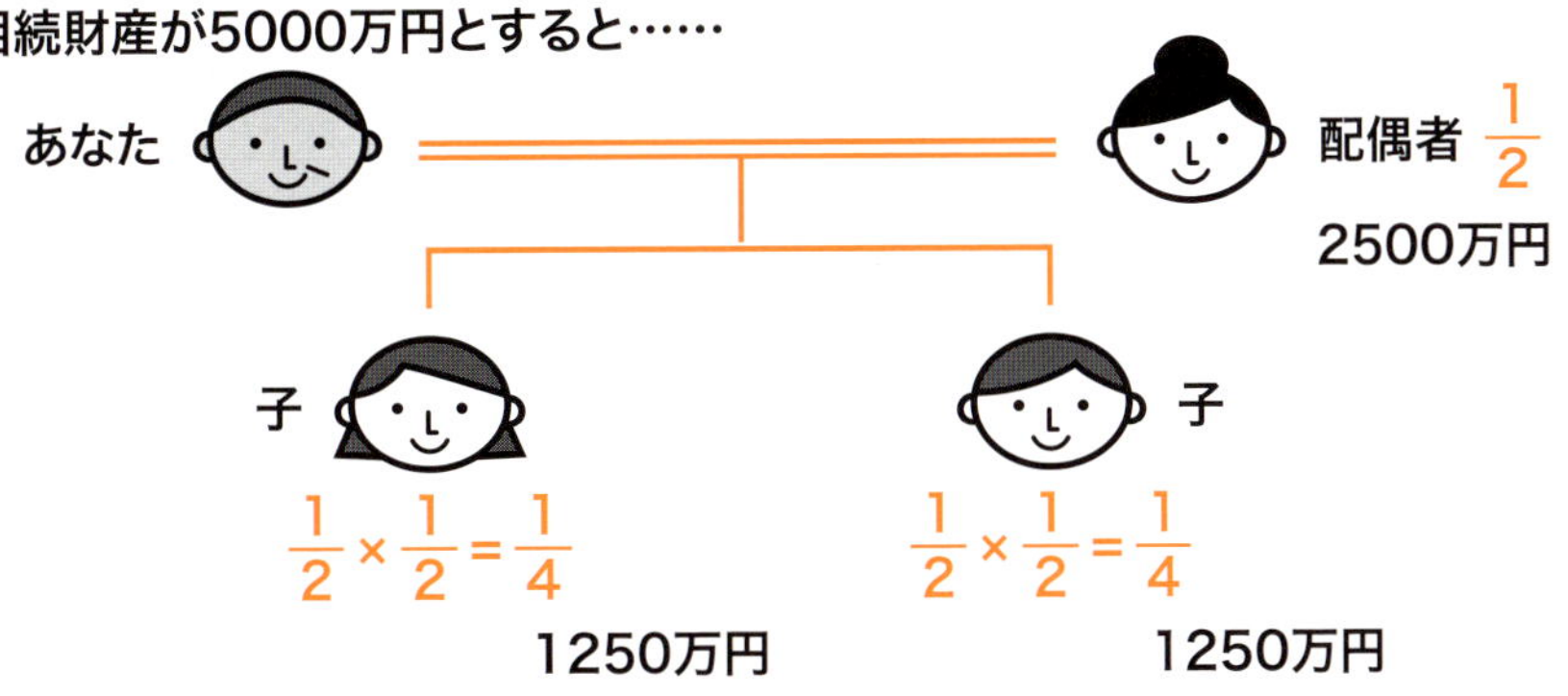

子どもは、子どもの法定相続分を人数で分ける

A：2500万円　B：2500万円　C：3333万円　D：1666万円　E：3750万円　F：1250万円

財産の「内容」を子どもに伝える

04

残された家族は、みなさんがどんな財産をもっているのか、案外知らないものです。そこで、まずは左図の項目につき、きちんとお子さん（配偶者が相続の手続きをすることもありますが、本書では、子どもがあなたの相続手続きをするものとします）に伝えることが大切です。

たとえば銀行の口座などは、昔は子どもが金融機関に問い合わせれば、すぐに教えてくれたものです。ところが、いまは、口座一つを調べるにも、簡単には教えてくれません。

このように、財産を探すのは子どもにとって相当手間のかかる作業なのです。

●もめごとをできる限り避ける

「俺の死んだあとの財産の話をするなんて、縁起が悪い！」「俺を殺すなんて、不謹慎だ！」

このようなことをおっしゃる方は実は非常に多く、相続の話や遺言書の話を子どもから切り出されると、親子関係がぎくしゃくすることが多いようです。

財産は、親子が一緒に暮らしていればある程度はわかるでしょうし、みなさんも多少は話をしているかもしれません。しかし、親子が離れて暮らしていると、お子さんはみなさんの財産を知る由もありません。

このような状態でみなさんが亡くなると、お子さんは家のタンスや引き出しを一つひとつ開けて探し回ったり、取引のありそうな銀行に問い合わせをしたりするなどして、財産を探さなければなりません。預金一つとっても、通帳があればまだ御の字ですが、もしみなさんがネット専用銀行を利用していたら、通帳もなく、書類をいっさい郵送してこない銀行もありますから、子どもが財産を探し当てるのは相当むずかしくなります。

みなさんの過去の収入や現在の生活環境から、お子さんたちはある程度、みなさんの財産がどれくらいか想像しています。

しかし、みなさんが亡くなったとき、思っていたよりもお金が残っていなかったらどうでしょう。お子さんたちは「もっと財産があるはずだ」と感じ、「兄弟が財産を隠しているかもしれない」「誰かが生前にもらって使ってしまったのではないか」と疑います。そして兄弟でもめるのです。

このような争いを避けるためにも、元気なうちに自分の財産にはどのようなものがあるかを、家族に伝えるようにします。

財産の内容チェックシート

財産の場所と概ねの金額を書き入れてみましょう。

	場所	概算額
□ 銀行の口座	ex.○○銀行	
□ 証券会社の口座	ex.△△証券	
□ 所有している不動産（土地や建物など）	ex.××市の自宅	
□ 借金	ex.○○銀行に自宅ローン残額	
□ 生命保険	ex.△△生命にがん保険	
□ ゴルフ会員権	ex.××カントリークラブ	
□ その他	ex.画家○○の絵画	

預貯金は5000万円くらいあると思っていたら、実際には1000万円だった!!　といった思い違いも、チェックをすれば防げる。

財産の保管場所を子どもに伝える

05

どのような財産があるかをお子さんに伝えておくことは大事ですが、実際に相続の手続きをすすめるにあたっては、それらの財産がどこに、どのような状態であるかを伝えることも大切です。

「自宅に現金が500万円ある」と伝えても、それがどこにあるかわからなければ、お子さんはこれを見つけることができませんよね？　金庫のなかにあるのか、洋服ダンスに隠してあるのか、具体的にどこにあるかがわからなければ、最悪の場合、500万円がムダになることだって考えられます。

同様に、たとえば生命保険に入っていたとしても、それがどこの保険会社の保険なのかがわからなければ、子どもは死亡保険金の請求手続きができません。

●保険証券一つで、できること

ちなみに、あなたは自分の「保険証券」がどこにあるかはご存じですか？

みなさんのなかには、「契約はしたものの、証券がどこにあるかわからない」という方も少なくないかもしれません。

保険のさまざまな手続きは、この「証券」があればすぐにできます。あとは、その保険会社が求める書類を用意するだけです。

ところが、証券がなければ（子どもにとっては、その所在がわからなければ）、保険会社から何かの機会に通知が郵送されてくるまで、どこの保険会社とあなたが契約していたかもわかりません。当然ながら、保険金の請求手続きなどを行うこともできません。

ですから、子どもに保険金を受け取らせるには、保険証券がどこにあるか、保管場所をきちんと伝えることも重要なのです。

●相続財産をすぐ活かせるように

このように財産は、「子どもに残すこと」も大事ですが、「子どもが財産をすぐに使えるようにすること」も、同じくらい大切です。

財産相続の準備については、自分がいなくなったあとでも子どもがちゃんとわかるようにしておいてください。

事前に子どもに口頭で伝えておいてもかまいませんし、財産のリストを作成し、「自分が他界したあとは、その財産リストを見るように」と伝えておいてもよいでしょう。詳しくは本書挟み込みの「親がやることぜんぶシート」をご覧ください。

財産の保管場所と必要書類などのチェックシート

自分でチェックするとともに、子どもにもチェックしてもらっておきましょう。

財産の種類	自分のチェック	必要書類等	子どものチェック
現金、貴金属など	□	金庫のカギ（暗証番号がどこに書いてあるかを教えておく）	□
	□	貸金庫のカギおよび暗証番号	□
預貯金	□	預金通帳（どの通帳がどの印鑑かを正確に）	□
	□	届け出ている印鑑	□
	□	キャッシュカード（暗証番号）	□
	□	定期預金証書	□
	□	ネット銀行のログインIDおよびパスワード	□
有価証券	□	取引残高報告書	□
	□	ネット証券のログインIDおよびパスワード	□
土地、建物	□	所在地の住所	□
	□	登記簿謄本および公図（登記関連書類はひとまとめにして金庫にあることなどを教えておく）	□
	□	測量図	□
	□	賃貸している場合は賃貸借契約書	□
	□	固定資産税課税明細書	□
	□	買ったときの売買契約書	□
借金	□	借用書または契約書	□
	□	返済予定表	□
生命保険	□	保険証券	□
ゴルフ会員権など	□	会員証書	□

06 名義書き換えに備え戸籍を集めておく

子どもが苦労するのは、財産の特定だけではありません。もう一つ相続のときに困るのが、銀行や証券会社、不動産などの名義書き換えの手続きです。

預金や不動産などの名義は、いまはみなさんの名前になっていますが、相続のあとは、名義を相続したお子さんに変えることになります。

この手続きは、それぞれ必要な書類が違いますから大変です。なかでも残された家族がとくに集めるのが大変なのが、実はみなさんの戸籍関係の書類です。

預金や不動産の名義書き換えの手続きをするためには、法定相続人が誰かということを確定させる必要があります。なぜなら、名義書き換えの手続きをしたあとで、実はみなさんに、認知している隠し子がいたといったことがあると、手続きをやり直さなければならないからです。

●一生を通じた戸籍を用意する

そこで、子どもは名義変更手続きの際に、あなたに他の相続人がいないことを証明するために、みなさんが生まれてから亡くなるまでのつながりがわかる、連続した戸籍謄本を提出することを要求されます。

現在のみなさんの戸籍は、みなさんが結婚をしたとき、親の戸籍から出て、夫婦で新しくつくったものです。ですから、みなさんが生まれてから亡くなるまでの連続した戸籍謄本を用意するには、みなさんが結婚する前の親の戸籍から調べなければなりません。

みなさん自身やみなさんのご両親が離婚をしているなど戸籍が複雑だと、お子さんはこれを探し求めるのにとても苦労します。

平成6年以降、戸籍が従来の手書きのものから電子化されてきたのですが、このときに、紙ベースではあった情報でも電子化されていないものがあります。同じようなことが昭和32年にも一度起こっていますから、より手続きは煩雑です。

そこでお子さんのことを思うなら、自分が生まれてからいままでの戸籍謄本を一式そろえておくとよいでしょう。そうすれば、お子さんはみなさんが亡くなっても、市区町村で最新の戸籍謄本さえ取得すれば名義書き換えの手続きができますから、非常にスムーズです。

戸籍謄本には有効期限等はありませんから、いますぐ取り寄せの準備をすることも可能です。何かあってからではなく、早めに取得しておくことをおすすめします。

生まれてからの戸籍謄本入手チェックシート

戸籍謄本とは？

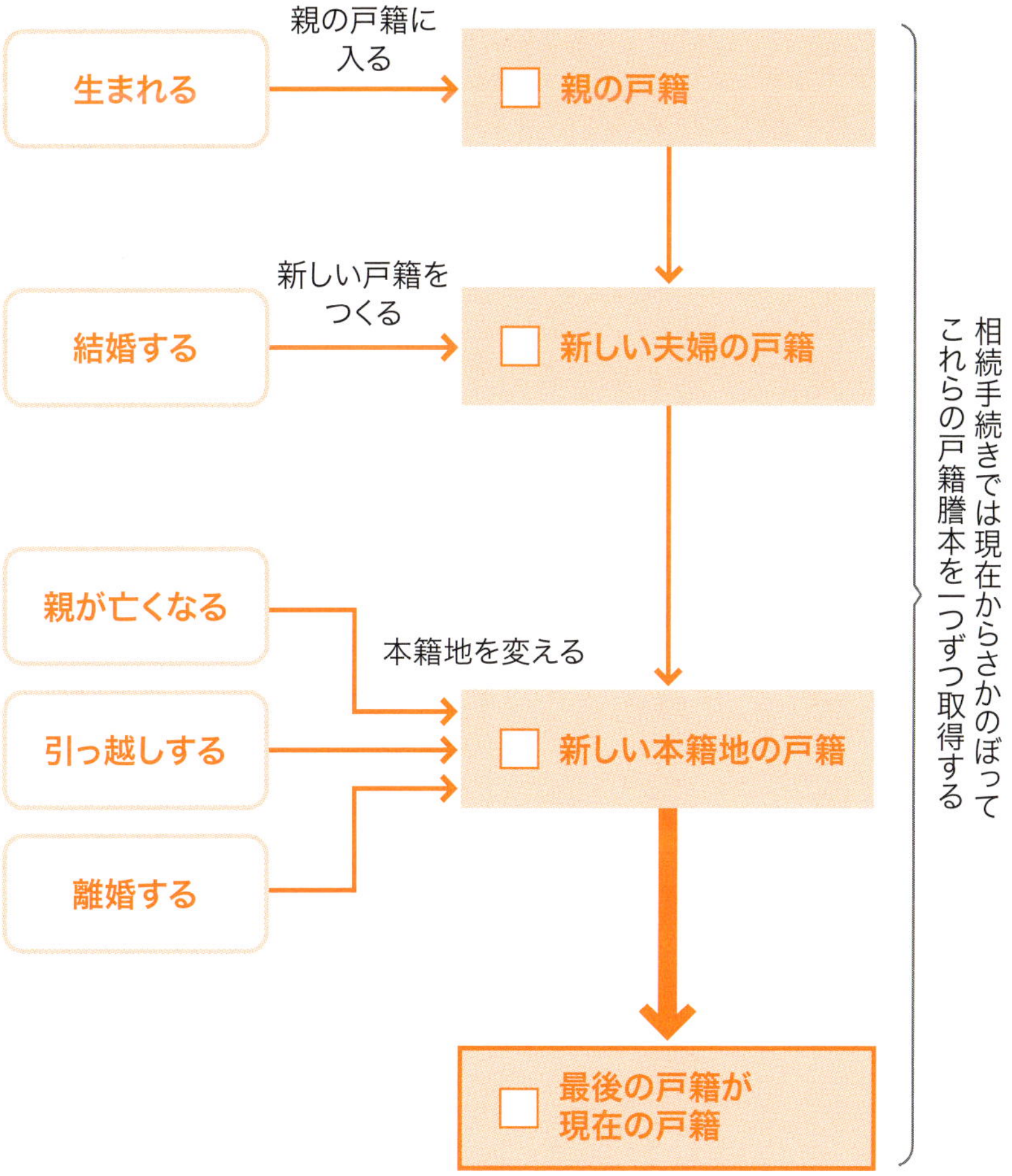

自分自身や親が離婚していたり、本籍地の変更を頻繁に行っていたりすると、そのぶんだけ戸籍も複雑に。

自分にもし隠し子がいるような場合も、一連の戸籍謄本で明らかになる。

あなたに借金があったらどうなる？

07

相続は、すべてのプラス財産とともに借金などのマイナスの財産も対象となります。ですから、たとえば事業に失敗して多額の借金を背負い、プラスの財産よりもマイナスの財産が多い場合は、家族に相続をさせてしまうと残された家族が借金の返済をすることになります。

子どもからしてみると、「借金が多いなら相続をしたくない」ということになりますが、このような場合は、相続をするかしないかを、相続人が自分で決めることができます。

●相続には三つの種類がある

相続にはプラスの財産もマイナスの財産もすべてを相続する一般的な「単純承認」のほか、相続人が財産を相続しなくてすむ方法として、「相続放棄」や「限定承認」があります。

・相続放棄

相続放棄とは、プラスの財産もマイナスの財産も、いっさい相続をしないということで、相続人それぞれが単独で決めることができます。

・限定承認

限定承認とは、プラスの財産を限度に、マイナスの財産の負担を負う（借金であれば、返済する）という方法で、プラスの残りがあれば相続し、マイナスが残れば相続しないという方法になります。

こちらは相続人全員が合意したときにだけ選択することができます。

●裁判所への申述が条件

相続放棄や限定承認をする場合は、相続を知ったときから3か月以内に裁判所に申述しなければならないことになっています。

もしも3か月以内に手続きをしないと、自動的に「単純承認」したものとみなされ、子どもは借金も相続することになり、返済しなければならないことになります。

「そんなことなら、自分が生きている間に事前に子どもに相続放棄をさせたい」と思うでしょうが、それはできません。

子どもたちはみなさんが亡くなって初めて相続の権利が発生するので、相続する権利のない間（あなたが生きている間）は、この対策ができません。

そこで、もし借金が多くて子どもにそれを負わせたくないなら、子どもには事前に、いつか相続が発生したときには、3か月以内に必ず相続放棄の手続きをするよう伝えておきましょう。

相続の３つのパターンと相続放棄・限定承認の手続き

相続の3つのパターン

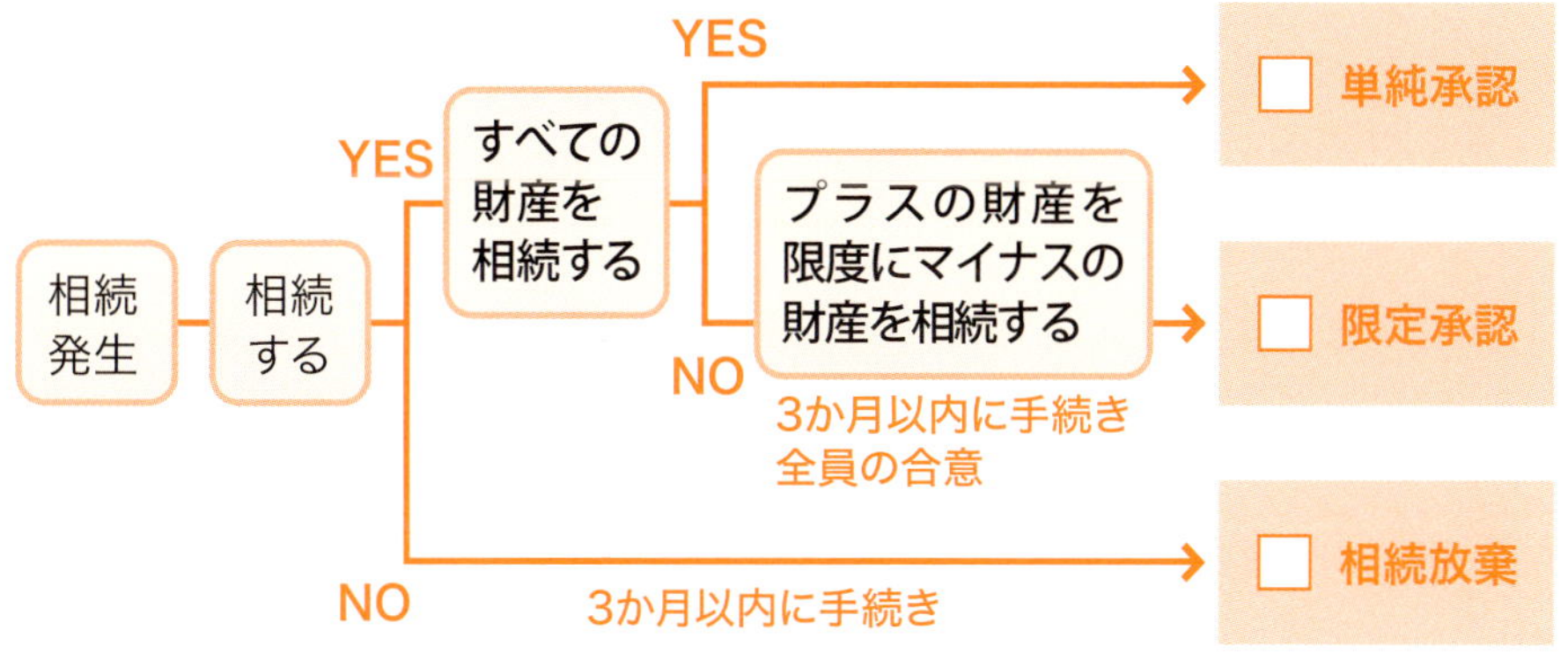

相続放棄の手続き

□	1	「相続放棄申述書」を家庭裁判所へ提出する 郵送でも可。申述人の戸籍謄本、被相続人の住民票の除票（戸籍附票）、収入印紙、返信用の郵便切手、相続人の認印などが必要
□	2	1週間ほどで家庭裁判所から「相続放棄の申述についての照会書」が郵送される 質問事項に回答して家庭裁判所に返送する
□	3	「相続放棄申述受理通知書」が家庭裁判所から郵送される 必要に応じて、家庭裁判所へ「相続放棄申述受理証明書」の申請を行う

限定承認の手続き

□	1	家庭裁判所に「家事審判申立書」（相続の限定承認）を提出する
□	2	家庭裁判所が相続人から相続財産管理人を選任する
□	3	相続財産管理人は、債権者などに選任審判の告知後10日以内に公告する（限定承認したこと、一定の期限内に請求すべきことを伝える）
□	4	公告に定められた期間内（2か月）に申し出をした債権者に相続財産の限度内で弁済する
□	5	債権者への弁済後、残余財産があれば、受遺者に弁済する

相続させたくない子どもがいたら

08

代々受け継いできた財産であれば、孫の代まで残してほしいと思うでしょうし、自分が築いた財産は子どもに有効に利用してほしいと思うでしょう。

でも、ろくに仕事もせず、ギャンブルばかりやって借金をつくっては、そのたびに自分が肩がわり、尻拭いをしてきたような子どもがいたらどうでしょう？

たとえ自分の子であっても、「この子には絶対に財産を残したくない、相続させたくない」と思うかもしれません。

このような場合は、一定の手続きを踏むことで、その子どもがもっている相続の権利を失わせることができます。

これを法律では「相続廃除」といいます。

●相続廃除の条件とは？

ただし、あなたの気持ちだけで無条件に相続廃除をすることはできません。ですが、以下の条件を満たせば認められます。

・あなたに対する虐待があった場合
・あなたに重大な侮辱を与えた場合
・あなたの財産を不当に処分したり賭博などでつくった多額の借金をあなたに支払わせたりしたなど、著しい非行があった場合

このような場合は、家庭裁判所に請求するか遺言書に意思表示をすることで、相続廃除を申し立てることができ、裁判所が認めたときに、その子どもは財産を相続できなくなります。

もし、残念ながらあなたにこうした事情や希望があるなら、事前手続きが可能です。

●相続廃除は遺留分のある人のみ

相続廃除について一点だけ加えておくと、その対象は遺留分（44ページ参照）をもっている相続人だけです。

すなわち、相続廃除できる可能性のあるのは、みなさんの配偶者や子どものほか、相続人が父母のみの場合の父母ということになります。もともと遺留分のない、みなさんの兄弟姉妹に対しては相続廃除することができません。

詳しい手続き内容は弁護士や司法書士など専門家に問い合わせをしてみてください。

相続廃除の手続きチェックシート

□ 1

家庭裁判所に「推定相続人廃除申立書」を提出して、調停を申し立てる

家庭裁判所では、申立書を受けて関係者から事情を聴いたり、事実関係を調査したりして、廃除について当事者間で合意できるように、調停を進める

調停でも当事者が合意できない場合は、家庭裁判所が審判を下す。この審判では事実関係にもとづいて公平な立場で強制的に行う

↓

□ 2

「推定相続人廃除届」を市区町村へ届け出る

家庭裁判所が発行する調停調書や審判書の謄本が必要

廃除の手続きは、このほかに、遺言を執行する人が遺言書にもとづいて、家庭裁判所に申し立てることもできる

虐待、侮辱、非行などがあり、財産を絶対に相続させたくない子どもがいる場合は、きちんと意思表示をする！

相続手続きの期限と実際のはなし

09

ここまで、相続においてみなさんができる、大まかな「事前準備」をお伝えしましたが、実際に相続がはじまったとき、そのスケジュールで子どもが一番きついと感じるのが、相続税の申告です。

子どもは相続開始日（みなさんが亡くなった日）の翌日から10か月以内に、相続税の申告をしなければなりません。

相続税の申告をするには、相続人を特定し、誰がどの財産を相続するかが決まっていなければなりません。つまり、子どもたちは10か月以内に遺産分割を完了させないと、相続税の申告に間に合わないのです。

●申告期限に間に合わないと……

申告期限に間に合わないと、お子さんはさまざまな相続税法の特典が受けられなくなったり、税金のペナルティを支払わなければならなかったりします。

申告作業をスムーズにさせるためには、先述したように、

①財産とその保管場所を子どもに伝える
②相続に必要な情報を伝える
③戸籍の収集作業を行う

などが必要になりますが、みなさんが事前にこれらの準備をすませていれば、子どもはスムーズに申告をすすめられます。

ただし、相続税の申告をしなければならないのは、財産が今回、改正のあった基礎控除額を上回る方のみです。

それ以外の方については、あわてて相続の対応をする必要はありません。実はこれらの方については極端なことをいえば、相続の手続きに期限はありません。たとえばお子さんが、あなたの財産を10年、20年と放っておいても、実際のところ大きな問題は発生しません。

実際に、相続税が発生しない人の場合は、何十年も自宅などの名義をそのままにしたり、財産の所在がわからないまま放っておいたりしている人もいます。

親の銀行口座でも、亡くなったあと、解約の手続きもとかく面倒なので、残額が少ないと放っておいている人もいます。

ただし、いつまでも放っておいたのでは、いざ名義書き換えなどの手続きをしようとするとき、面倒なことにもなりかねません。

ですから、できるだけ速やかに手続きをしたほうが配偶者や子どもにとって安心であることは、子どもに伝えておきましょう。

申告や納税をしなかったときに子どもが受けるペナルティ

□	1	**税金の納付が遅れた！→延滞税** 追加納付した税金の年14.6％（2か月以内は「年7.3％」と「特例基準割合＋1％」のいずれか低い割合）
□	2	**誤って、少なく税金を申告してしまった！→過少申告加算税** 自主的に修正申告書を提出した場合はペナルティはなし。誤って少なく税金を申告してしまった場合で、税務調査によって修正申告書を提出した場合などは、追加納付した税金の原則10％
□	3	**申告書を提出し忘れた！→無申告加算税** 自主的に申告期限を過ぎて申告書を提出した場合は税金総額の5％（申告を申告期限から2週間以内に行えばペナルティはなし） 申告書を提出し忘れて、税務調査によって申告期限を過ぎて申告書を提出した場合などは税金総額の原則15％
□	4	**財産を隠したり、証拠書類を偽装したりした！→重加算税** 申告書を提出した場合は追加納付した税金の35％で、申告書を提出せずに、財産を隠したり、証拠書類を偽装したりした場合は税金総額の40％

相続税・贈与税改正のポイント①
基礎控除の引き下げ

「三代で財産がなくなる」とおそれられた相続税。バブルが崩壊してからの地価の下落などにより、税収（贈与税も含む）は1993年の２兆9377億円から2010年には１兆2710億円と大幅に減少していた。また、相続税がかかる割合もピーク時の7.9％から4.1％まで落ち込み、過去最低水準となっていた。こうした背景から、相続税の増税が決まった。

●課税対象者が増加する

相続税の基礎控除とは、財産を相続しても一定金額までは税金がかからないようにしてくれる制度。これまで基礎控除額は、「5000万円＋1000万円×法定相続人の数」だった。

たとえば、財産が5000万円ある標準世帯とされている夫婦と子ども２人の家庭で、夫が亡くなった場合を想定してみよう。この場合は、妻と子ども２人の合計３人が法定相続人であり、基礎控除の金額は5000万円＋1000万円×３人＝8000万円となる。

したがって、このケースでは、5000万円の財産を相続しても相続税はかからなかった。

ところが、今後は基礎控除が**「3000万円＋600万円×法定相続人の数」**となった。つまり、先の例では基礎控除の金額が3000万円＋600万円×３人＝4800万円に下がり、相続財産が5000万円あると相続税がかかってしまうことになる。

財務省の試算によると、今回の改正によって相続税がかかることとなる割合は、全体の4.1％から６％へと50％増と大幅に増加する見込みだ。

また、課税対象者は年間５万人前後から７万人台へとなる見込みで、とくに、地価の高い都心部ではかなりの割合で相続税がかかることになる。

ちなみに、相続する財産の金額が基礎控除の金額を超えていても、特例を使って相続税がかからないようにする人は、その特例の利用を認めてもらうために相続税の申告をすることが必要である。

この特例を使わなければならないケースも増えるので、相続税の申告をしたり税理士に頼んだりしなければならない人も大幅に増える。

PART2

遺言書で迷惑かけない

相続で重要とされる「遺言書」ってなに？

01

遺言書とはその名のとおり、みなさんの遺言を書面にしたもので、遺言書があれば相続は遺言書にしたがってすすめられます。遺言書とは法律的に、誰にどの財産をどれだけ相続させるかを伝えるものです。

「誰にどれだけの財産を相続させるか」については、法定相続分にしたがわなければならないと勘違いされている方が多いのですが、そうではなく、遺言書の内容は法定相続分に優先することになっています。

一方、「自分の財産は法定相続分ずつ相続させればいいから、自分は遺言書を書かない」という方もいます。ところが、これも先述したとおり、遺言書がない場合は自動的に法定相続分で財産を分けるわけではありません。

法定相続人全員が話し合い（遺産分割協議といいます）、それぞれの取り分を決めることになります。

●もめごとを防ぐ策として重要

みなさんの財産が法律で自動的に分割されれば、家族がもめるようなことはありません。ところが、取り分をみんなの話し合いで決めるとなると、相続はまずもめると思ってまちがいありません。

ですから、子どもに迷惑をかけたくないなら、いずれの場合も遺言書を書くことをおすすめします。

遺言書で財産をすべて洗い出し、誰に何を相続させたいかをあなた自身が指定すれば、みなさんにとっても財産を希望どおり引き継がせることができます。さらに遺言書を書けば、法定相続人以外にも財産を残すことができます（遺言書がなければ、法定相続人しか財産を相続することができません）。

たとえば、基本的にはお子さんの配偶者は法定相続人にはなれませんが、「自分の面倒をよく看てくれた長男の嫁には、少しでも財産を残したい」と思うなら、その旨を遺言書に書いておけば、法定相続人ではない長男の嫁にも財産を残すことができます。

●ペットに財産を相続できる？

そういえば、「犬に財産を相続させたいのですが、遺言書を書けば可能でしょうか」という質問を受けたこともありました。

ペットを家族同然に思っている方も多く、海外ではペットに財産を相続させる方法もあるようですが、残念ながら日本の法律上、相続ができるのは「人」だけで、ペットに財産を相続させることはできません。

法的に効力のある「遺言事項」チェック表

下記のような事項に関して、法的に正しく記された遺言書には、
法的な効力があります。

1.財産に関する主な遺言事項

□	祭祀主宰者の指定 ※祭祀主宰者:墓や仏壇を引き継いで先祖の供養をする人のこと
□	相続分の指定または指定を委託すること
□	遺産分割方法の指定または指定を委託すること
□	相続人の間の担保責任の指定
□	遺贈の内容 ※遺贈:遺言書によって財産を譲ること
□	遺贈の減殺方法の指定
□	生命保険の受取人の変更

など

遺言事項ではない記載は、42ページに紹介する「付言」と呼ばれている。付言には法的な効力はないが、あなたの思いを伝える意味では重要!

2.身分関係に関する遺言事項

□	遺言による認知
□	未成年後見人の指定 ※未成年後見人:親権者に代わってその子の親権を行使する立場に立つ人
□	推定相続人の廃除と取消し ※相続人の廃除:被相続人に対して虐待や重大な侮辱その他著しい非行をした推定相続人がいる場合、被相続人の意思に基づいて、その推定相続人から相続資格を奪う制度

など

3.遺言の執行に関する遺言事項

□	遺言執行者の指定またはその委託 ※遺言執行者:遺言を執行する権限をもっている人のこと。相続人の代理人とみなされ、遺言でとくに認めていない場合。やむを得ない事由がなければ、第三者にその任務を行わせることができない

など

02

財産が少ない人は遺言書はいらない？

「遺言書を書くなんて一部の大金持ちの話。自分とは関係ない」

こんなふうに思っている方も多いのではないでしょうか。たしかに「預金」に「株式」「不動産」……と、相続させる財産がたくさんある場合には、誰にどの財産を相続させるかを考えている人は多いでしょう。その一方で、「残っている財産は預金が１０００万円だけ。いまは年金で細々と生活している」という方は、相続についてそれほど考えていないかもしれません。

しかしながら、相続で子どもがもめるかどうかは、みなさんの財産の多寡とは関係ありません。財産が多くても少なくても相続争いは発生します。「平等に分けよう」という意思がお互いにあっても、「何が平等なのか」はお互いの感覚によって異なり、相続人間の遺産分割協議ではまとまらないケースが多いのです。

ちなみに、家庭裁判所で行われた遺産分割調停のうち、相続財産が５０００万円以下の案件が全体の約75％を占めている、というデータもあります。

人間というのは、たとえ財産が１０００万円でも、もらえるものは欲しいというのが本音です。あなたの財産が１０００万円でも10億円でも、相続する子どもにとっては変わらず、むしろ金額が小さいからこそ取り分の差にリアル感があって、もめるケースが多いといえます。

●分けにくいものを分ける手段

財産には、不動産のように分けにくいものもあります。不動産が複数あれば、相続人それぞれに相続させることもできるでしょうが、不動産が一つしかないような場合には、誰がどのようにその不動産を相続するか、なかなかむずかしい問題です。

そのときに遺言書があれば、「遺言どおりに分ける」ことでもめる可能性はかなり減ります。

また、遺言書には誰が相続するかが明示されていますから、遺言書を使って預金や不動産などの名義書き換え手続きができます。

遺言書がない場合には、ほとんどの場合、どのように遺産分割をしたかを記載した書面（遺産分割協議書といいます）を作成し、法定相続人全員が実印で押印をしなければなりません。

遺産分割協議書はひな型を見ながら自分で作成することもできますが、むずかしい書類なので弁護士や司法書士などに作成を依頼するケースもあります。

本当に遺言書はいらないの？

兄：相続額４億円

↓

弟が親父の老後の面倒を看たんだし、まあ、いいか

弟：相続額６億円

↓

兄貴より多く財産をもらっても当然だよ！

兄：相続額 400 万円

↓

200万円の差が、リアル！

なぜ、兄の俺の取り分が少ないんだ！

200万円あれば、子どもの学費とか、ローンの繰上げ返済とか、いろんな負担が解消できるのに！

弟：相続額 600 万円

↓

兄貴より多く財産をもらっても当然だよ！

財産の多寡にかかわらず、遺言書をつくることがおすすめ！

遺言書のメリット

- □ 子ども同士がもめることなく相続手続きができる可能性が高まる
- □ 子ども同士が遺産分割方法について悩まなくてもよい可能性が高まる
- □ 相続人全員による遺産分割協議の手間が省ける
- □ 子どもの配偶者や孫、自分の内縁の妻など、法定相続人ではない人にも財産をあげることができる

**相続人がいない人でも、生前お世話になった人に財産をあげることを遺言書に書いておけば、それが実現できる！

大事なペットがいる場合、ペットに財産を残せなくても、ペットの世話をしてくれる人に財産を残すことは可能！**

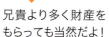

03 遺言書どおりに相続されない場合も！

遺言書は法定相続分より優先されますから、遺言書を書いておけば、自分の考えどおりに財産を相続させることができるといわれています。ところが、実は、必ずしも１００％そうであるとはいえません。

意外と知られていないのですが、遺言書に書いてある財産を相続する人が法定相続人だけの場合（このパターンがほとんどですよね）、法定相続人全員の合意があれば、あなたが書いた遺言と異なる分け方で相続することができます。

あなたが書いた遺言の内容と子どもの気持ちが異なること、たとえばあなたが「奥さんに自宅、長男には預金、二男には株」という遺言を書いたとしても、当人たちは、「奥さんは預金、長男は株、二男は自宅」が欲しいことってありますよね？

このような場合、ご家族は、必ずしもあなたの遺言にしたがう義務はありません。三人が話し合って合意すれば、自分たちの思いどおりに相続をすることができるのです。

また、せっかくあなたが遺言書で「兄弟仲よく半分ずつ財産を分けるよう」に書いたとしても、兄弟間で「長男にすべて相続してほしい」という合意があったら、すべての財産を長男が相続することもできます。

あなたの遺志も、相続人たちの合意には勝てないというわけです。

●財産を分ける方法は四つある

少しむずかしくなりますが、みなさんの財産を分ける方法は、実は次のように四つあるということを覚えておきましょう。

①遺言による分割

これは、遺言書に書かれたとおりに分割する方法です。冒頭のように、法定相続分より遺言書のほうが優先されます。

②協議による分割

遺言書がない場合などに、配偶者や子どもが集まって協議する一般的な分割方法です。法律では民法９０７条に定められていて、この１項が「遺言よりも相続人全員の協議・合意のほうが優先する」と解釈されています。

③調停による分割

遺産分割の協議が調わないときのほか、協議できないとき、家庭裁判所に「調停」をお願いする分割方法です。

④審判による分割

遺産分割の協議が調わなかったり、協議できなかったりするときに、家庭裁判所に遺産分割の「審判」を請求することで分割する方法です。

遺言書と法定相続の力関係は？

遺言書 ＞法定相続

ただし

□ 相続人全員の合意があれば別

　自筆証書遺言でも公正証書遺言でも同様に、遺言書に書いてある財産を相続する人が法定相続人のみの場合には、相続人全員の合意があれば遺言書と異なる財産の分け方ができる。

　遺言執行者がいる場合は、遺言執行者の承諾も必要。

　なお、相続人のうち１人でも納得しない人・非協力的な人・行方不明者などがいる場合は、合意ができたとはいえず、遺言書が優先される。

遺言書を書く①
手書きの遺言書

04

遺言書には、①自筆証書遺言、②公正証書遺言、③秘密証書遺言の三つがあります。まず、①の自筆証書遺言を紹介しましょう。

●自筆証書遺言のメリットは？

おそらく、みなさんが「遺言書」と聞いて想像するのは、テレビドラマで見るような、タンスの引き出しにしまってあって、封筒を開けてみると手書きで文書が書いてある遺言でしょう。これは「自筆証書遺言」といいます。

自筆証書遺言とは、文字どおり自分で書いた遺言書のことです。自筆証書遺言を書くときのポイントは、すべてを自分で書くということです。一部でも他人が代筆したり、パソコンで作成したりしてあると無効になり、遺言としての効力をもたなくなってしまいます。

自筆証書遺言のメリットは、

- **手軽にいつでも書ける**
- **内容を秘密にできる**
- **お金がかからない**
- **証人がいらない**

などで、一番書きやすい方法かもしれません。遺言書を書く紙も、とくに決まっていません（長い年月の保存を考えれば、耐久性のある和紙や便せんなどがよい）。

自筆証書遺言はこのように書くのは簡単ですが、いくつかの欠点もあります。

そもそも遺言書は、決められた形式が整っていないと法律的に無効になってしまいます。たとえば、どの遺言書でも共通ですが、

- **日付がない**
- **不動産の所在地の記載方法が違う**

などがあっただけでも効力がなくなってしまいます。

ですから、自分で書いて誰にも見せていない遺言書の場合、すべて形式が整っているかどうかは、子どもが遺言の内容を見たとき、はじめてわかることになります。

そこで、できることなら、弁護士や司法書士などの専門家に一度見てもらい、法的に有効であるという確認をとっておくと安心です。弁護士や司法書士は身近な人に紹介してもらうほか、地域の弁護士会や司法書士会に紹介してもらうことも、日本司法支援センター（法テラス）で紹介してもらうこともできます。

なお、自筆証書遺言は、偽造・変造されないよう、子どもが親の遺言書を見つけたとき、家庭裁判所で記載内容をそのまま保存する手続き（これを「検認」といいます）を受けなければなりません。

自筆証書遺言で必要な検認とは？

検認

家庭裁判所の係官が立ち会って、相続人と一緒に遺言書の中身を確認すること

こんなケース、ある？

子どもが開けてしまった！

→ 遺言が無効になることはないが、あとで変造や偽造などをめぐって争いが起きてしまう可能性は否定できない

自筆証書遺言の場合は？

□	1	封印がされていてもいなくても、検認の手続きは必要。自筆証書遺言を書く場合には、遺言書を見つけたら裁判所の検認が必要なことは事前に伝えておくべき
□	2	自筆証書遺言を使って子どもが名義書き換えの手続きをするには、裁判所が発行する検認済みの証明書が必要になる

検認の申請をしてから証明書が発行されるまでは、おおむね２か月。
財産を相続しても、すぐに財産を遺言どおりに分けることができない。
財産を相続させてすぐに手続きをすすめさせたいなら、自筆証書遺言は不向き。

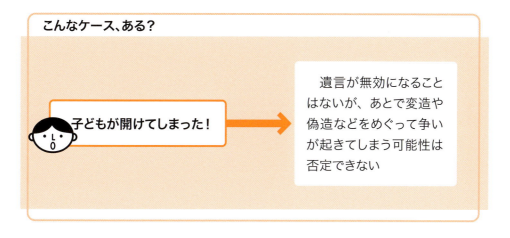

遺言書を書く②公正証書遺言

05

自筆証書遺言にはいくつかの欠点がありました。これを解消してくれるのが、公正証書遺言です。

公正証書遺言は、自筆証書遺言の欠点をほとんどすべて解決してくれる遺言書で、三つの遺言書のうち無効になる可能性が最も少ない確実な遺言書です。たとえば、

- 専門家が作成するため、遺言が無効になることがない
- 原本が公証役場で保管されるため、紛失のおそれがない
- どこの公証役場でも検索をかけられるので、遺言書があるかないかわからないとき探すことが簡単
- 裁判所の検認手続きが不要

といったメリットがあります。

公正証書遺言は、公証役場というところに行って、公証人という専門家に遺言書を書いてもらいます。公証役場は全国各地にありますので、インターネットなどで調べれば、近くの公証役場が見つかります。

●公正証書遺言のつくり方

公正証書遺言をつくりたいと思ったら、まずはこの公証役場へ行って公証人と面談します。

予約はしなくてもかまいませんが、受付順であるため、公証人の手が空いていないと待たなければなりません。できれば面談の予約をしたほうが無難でしょう。

公証役場では、公正証書遺言を作成したい旨を伝え、公証人に配偶者や子どもなど相続人の情報と自分の財産の情報、そしてどの財産を誰に相続させるかを伝えます。公証人はみなさんの話した内容を書き起こして、遺言書として書面にします。

書面にした遺言の内容は、公証人が読み聞かせて内容を確認するのですが、このとき証人が二人以上必要になりますので、信頼できる人にお願いして、同席してもらいます。

もし、みなさんが病気などで公証役場に行けない場合は、公証人を自宅や病院に呼ぶこともできます。

ただし、公正証書遺言を作成するには、相続財産の価額に応じて費用がかかること、そして証人が二人必要なため、証人に遺言の内容を知られてしまうといったデメリットもあります。

公正証書遺言の作成費用は相続させる財産の額によります。相続させる財産が1000万円だと1万7000円で、5000万円だと2万9000円、1億円だと4万3000円です。財産がさらに増えれば、手数料も増えていくことになります。

公正証書遺言のちょっとした注意点

□	「証人」になれない人がいる！	・未成年者 ・推定相続人とその配偶者 ・受遺者（遺贈を受ける人）とその配偶者 ・直系血族 ・公証人の配偶者など、公証人の関係者
□	事前の準備が意外と大変！	・箇条書きでも、遺言書の原案をつくっておいたほうがよい ・原案をつくったり公証人に説明するための資料を集めたほうがよい 遺言者の実印、印鑑証明書、遺言者・相続人・受遺者の戸籍謄本、住民票、不動産登記簿謄本、不動産の評価証明書（土地、建物）、財産の明細一覧表など

公正証書遺言のいちばんのメリットは？

検認の手続きがいらないため、子どもはすぐに財産を分けることができる！
遺言書の原本は公証役場で保管されるため、遺言書がなくなる心配もない！

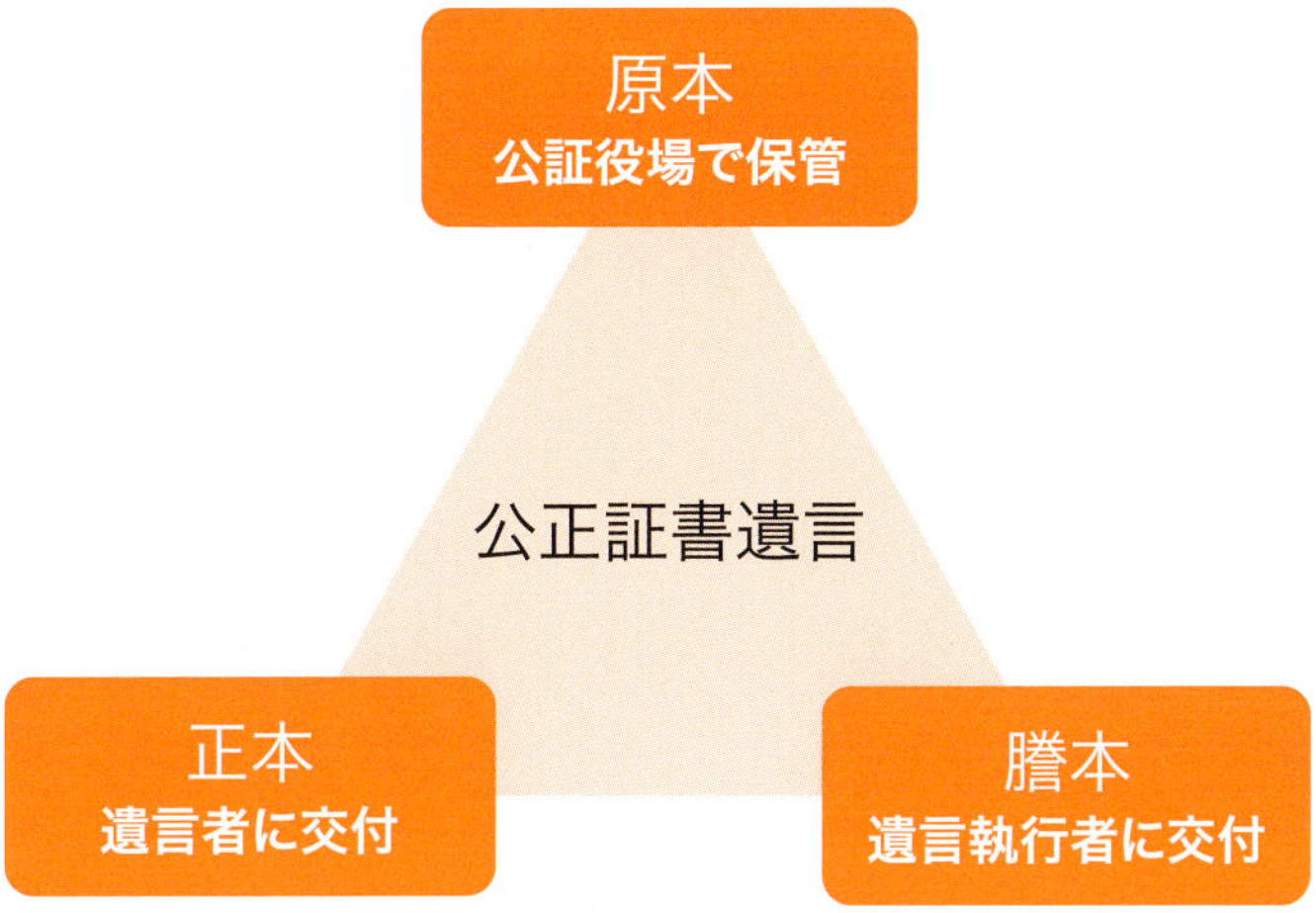

遺言書を書く③ 秘密証書遺言

06

自筆証書遺言と公正証書遺言のちょうど中間くらいの遺言に、秘密証書遺言があります。その名のとおり、遺言の内容を他人には見せず、自分だけの秘密にしておく遺言です。

自分で遺言を書いて封印するという点では自筆証書遺言と変わりませんが、違うのは、署名以外は自筆でなくてかまわないということです。

●秘密証書遺言の手続きは？

秘密証書遺言の手続きとしては、封印をした遺言書を公証役場にもっていき、二人以上の証人のもとで公証役場に提出します。

封印された遺言書を提出するので、公証人も、証人も遺言書の内容を見ることはありませんが、みなさんが書いた遺言書が「確かに存在する」ことを彼らが証明してくれます。

ですから、みなさんが亡くなったあとに、みなさんが本当に遺言を書いたのかどうかについて争うことがなくなります。

一方、誰も中身を見ないので、秘密が守られるというメリットはありますが、

- **中身を誰も確認しないため、開封された遺言が無効になる可能性がある**
- **裁判所の検認手続きが必要である**
- **公証役場に行く手間や費用（一律1万1000円）がかかる**

などのことから、かかる労力やコストの割には効果が少ないと考えられています。

そのため、実際にはあまり利用する人はいません。ただし、自筆証書遺言と比べれば、遺言書の存在については公証人によって保証されることになりますので、遺言書が本物かどうかといった部分からの争いごとを避ける意味はあります。

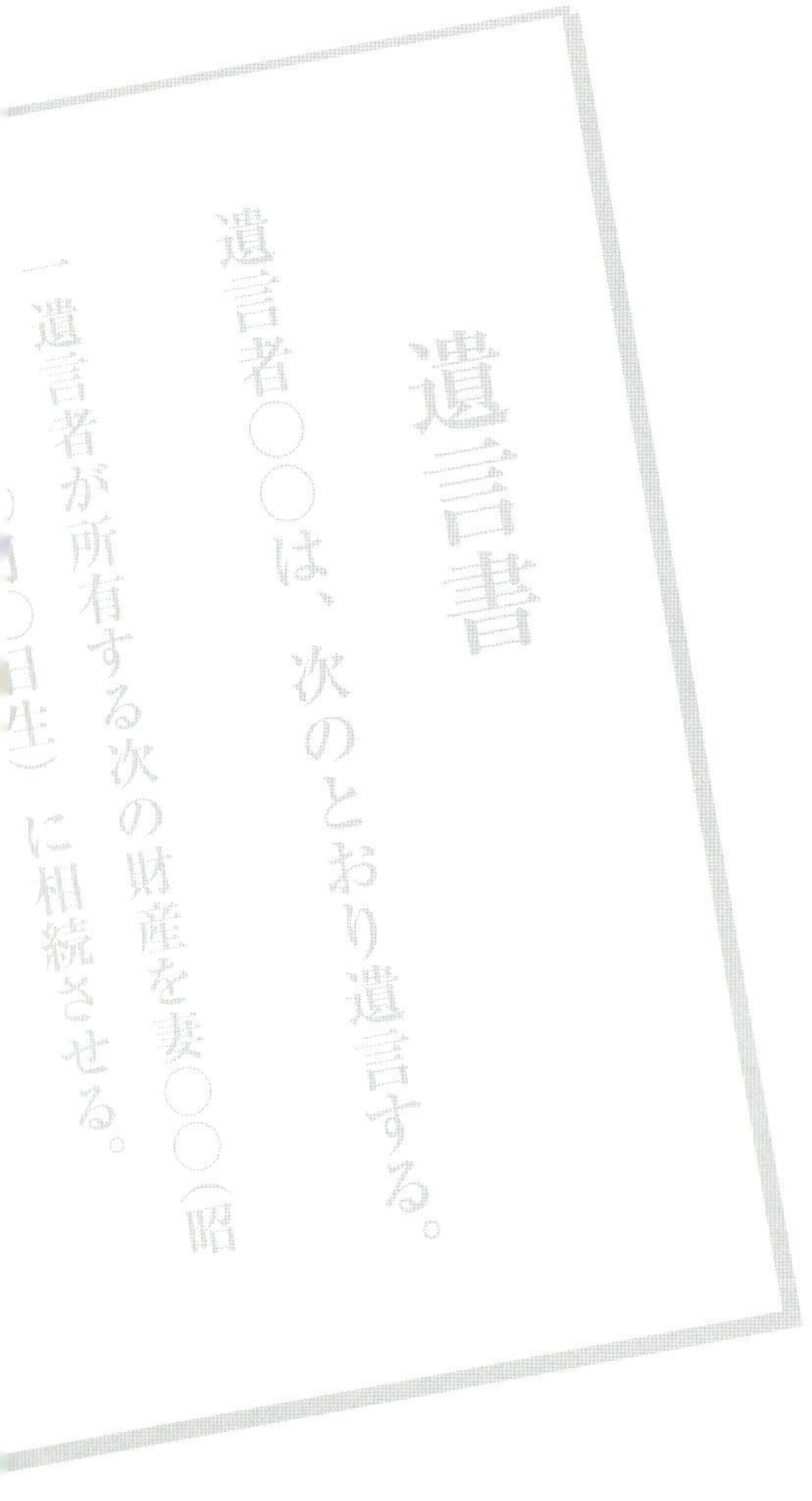

秘密証書遺言の作成のポイント

□	1	遺言者が、その遺言書に署名して押印する
□	2	自筆でなく、他人に書いてもらっても、ワープロやタイプライターを使って作成してもよい
□	3	遺言者がその遺言書を封筒に入れ、遺言書に押した印と同じ印で封印する
□	4	遺言者が、その封書を公証人と証人２人以上の前に提出し、自分の遺言書であること、その筆者（遺言者自身）の氏名、住所を述べる
□	5	公証人が、その証書遺言を提出した日付と、前記４で遺言者が述べたことを封紙に記載したのち、遺言者、証人とともに署名して押印する

※遺言の入っている封筒を大きな封筒に入れ、その封筒に封紙に書くべき文言を記載したり、遺言書の入っている封筒に封紙に書くべき文言を記載した用紙を貼りつけて契印したりする方法などがある。封紙の形状や使用法などは法律や規則などでも明確にはされていない。

07 遺言書の保管場所を子どもに伝える

遺言書を作成したら、必ずそのことを子どもに伝えるとともに、どのパターンの遺言書を書いたかも伝えるようにします。このとき、その保管場所も忘れずに伝えましょう。子どもに「遺言を書いた」と伝えても、保管場所が特定できなければ、役に立ちません。

遺言書はいずれの場合も、自分で保管することになりますが、公正証書遺言の場合は、紛失しても公証役場に原本が保管されているので、見つからない場合には公証役場に行くよう子どもに伝えておきましょう。

遺言があると聞いていたのに見つからないと、誰かが破り捨てたのではないか？　と、子ども同士が疑いをもつことも少なくありません。遺言書の内容は子どもにとっても大変気になるもので、それが見つからないと、お互いに不信感を抱いても不思議はありません。

ですから、遺言を書いた場合には、必ず保管場所や保管方法を伝えるようにします。

どうしても保管場所などを伝えたくない場合には、金庫や貸金庫のように、自分が亡くなったら必ず子どもが確認する場所に置いておくなど、なんらかの形で場所が特定できる工夫をするといいでしょう。

●遺言書を書き直してもいい？

書いたあとに状況が変わったら困るから、遺言書は書きたくないという方がいます。たとえば、「遺言書の内容を子どもに伝えたら、子どもたちから大ブーイングを受けた」「遺言書に記した相続人が、自分より先に他界した」「遺言書に書いた不動産を売ってしまった」などです。

しかし、そんなときでも大丈夫です。遺言書は何度でも書き直せることになっています。

遺言書には必ず作成した日付を書かなければならず、遺言書の形式を問わず、一番新しい遺言書が効力をもつことになっています。ですから、将来、自分の気持ちが変わると困るから遺言書を書かない、というのは正しい理解ではありません。

- **財産が増えたり減ったりした**
- **子が離婚して実家に戻ってきた**

などのような場合には、そのたびに遺言書を書き直している方もたくさんいます。

ただ、公正証書遺言の場合、公証役場に行って書き直すと、毎回、その費用がかかってしまうのが難点です。しかし、遺言書というのは大事な書類ですから、家族のことを思えば安いものかもしれませんね。

パターン別遺言書の保管場所

	①自宅内	②自宅外
□ 自筆証書遺言	・金庫 ・机の引き出し ・タンス ・仏壇　など	・銀行の貸金庫 ・後見人に預ける ・遺言執行者となる相続人に預ける ・弁護士・司法書士・税理士などの専門家（遺言執行者）に預ける ・親友に預ける　など

控えをとっていたとしても原本しか効力がないので、原本が発見できなかったり、紛失したりしてしまえば、遺言内容が実現できない！

誰かに預ける場合は、相手の連絡方法などを事前に整えておかないと、遺言書が必要な時期に利用できない可能性がある！

相手が引っ越して連絡がとれなかったり、相手が先に亡くなって預けていた遺言書を入手できなくなったりする可能性もある！

□ 公正証書遺言	・保管場所の心配はいらない ・公証役場で遺言書の有無の調査は簡単にでき、遺言書を紛失しても公証役場で正本・謄本を新たに取得できる
□ 秘密証書遺言	公証役場は「遺言書がある」ことだけしか証明できないので、保管場所は「自筆証書遺言」と同じ。

遺言書には気持ちを添える

08

遺言書は、財産を誰に残すかを伝えるためにつくるものですから、法律で定められた事項以外の記述（たとえば、相続させる財産の使いみちなど）については、書いても法的な効力はありません。

ただ、みなさんがなぜこのような分け方で相続をさせようと思ったのかなど、相続・遺言に込めたあなたの思いがわかると、子どもの気持ちは大きく変わるようにも思うので、こうした気持ちを遺言書の最後に書く（これを「付言事項」といいます）ことをおすすめします。

左図にあるような簡単な言葉でもかまいません。あるのとないのとでは遺言を受け止める子どもの気持ちは大違いなのです。

仲のいい兄弟であればあるほど、親の気持ちがわかれば、多少は不平等な相続でもトラブルは少なくなると思います。

●付言事項で避けておきたいこと

付言事項には、遺言書を残した動機や理由を書いたり、遺族への感謝を述べたり、遺族に託する希望を述べたりするケースが多いようです。ただし、いずれも法的な効力はありません。

ですから、とくに自分が自由に書ける自筆証書遺言では、たとえば、「○○だけは長男に大切に使ってほしいと思って書いた」など、あたかもなんらかの効力や優先権を与えるかのように誤認させる書き方はしないほうがよいでしょう。

せっかく感謝の気持ちを込めた付言事項が新たな争いや仲たがいの火種にもなりかねません。

また、公正証書遺言では、付言事項の内容を公証人や証人も知ることになりますから、少々、気恥ずかしさが出てくるかもしれません。

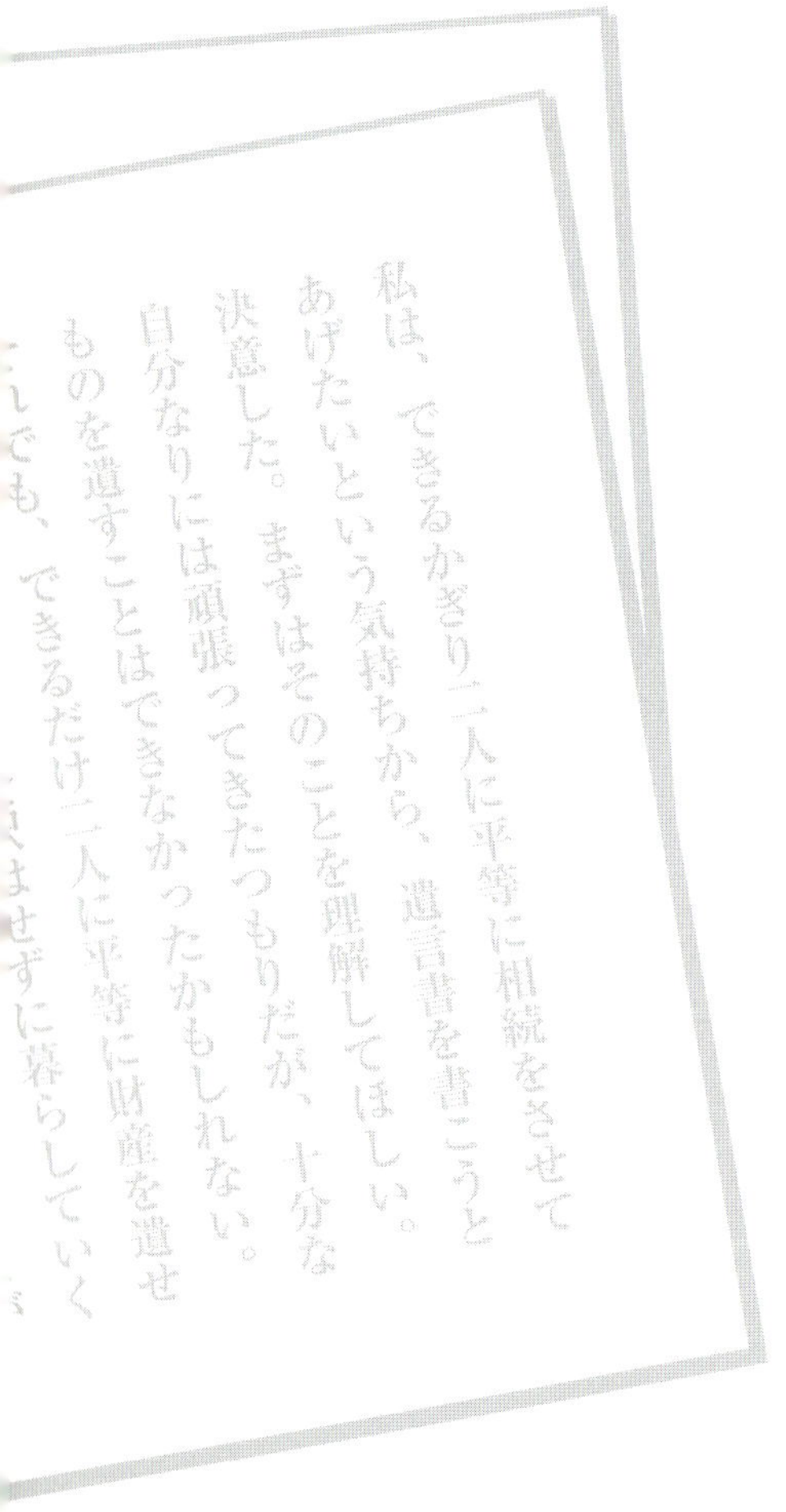
私は、できるかぎり二人に平等に相続をさせて
あげたいという気持ちから、遺言書を書こうと
決意した。まずはそのことを理解してほしい。
自分なりには頑張ってきたつもりだが、十分な
ものを遺すことはできなかったかもしれない。
でも、できるだけ二人に平等に財産を遺せ

遺言書の「付言事項」の例

遺　言　書

遺言者である私□□□□は、次の通り遺言する

1. 長男の○○に次の不動産を相続させる。
   土地 所在　××県××市×丁目
   　　 地番　××番××
   　　 地目　宅地
   　　 地積　××㎡
   建物 所在　××県××市×丁目××番地××
   　　 家屋番号　××番××
   　　 居宅
   　　 構造　木造
   　　 床面積　××㎡
2. 二男の△△に次の財産を相続させる。
   □□銀行○○支店の遺言者名義の普通預金すべて
3. 上記以外の財産は、すべて二男の△△に相続させる。

この部分が付言事項

4. 付言事項
   私は、できるかぎり二人に平等に相続をさせてあげたいという気持ちから、遺言書を書こうと決意した。まずはそのことを理解してほしい。自分なりには頑張ってきたつもりだが、十分なものを遺すことはできなかったかもしれない。それでも、できるだけ二人に平等に財産を遺せるよう、これからも贅沢はせずに暮らしていくつもりなので、いくばくかの財産を遺すことができると思う。せっかく私が遺した財産を巡って相続の時に兄弟二人でケンカをすることだけはやめてほしい。特に、不動産は2つあれば良かったのだが、残念ながら自宅しかない。将来、この自宅はずっと子孫に継いでいってほしいから、自宅は長男の○○に相続させる。二男の△△には預貯金と生命保険が入るようにしておいたので、それで勘弁してほしい。自分の亡くなった後も兄弟仲良く力を合わせて暮らしていってほしい。

平成××年××月××日
××県××市×丁目××番地××
遺言者 □□□□(印)

09

どんな子にも遺留分がある

「子どもはみんなかわいいから、平等に財産を遺したい」

誰もがこんな気持ちで遺言書を書けたら最高です。というのも実は、遺言書について私が受ける相談で一番多いのが、子どもの間の不平等な相続についてだからです。

「長男が一番かわいいから、長男に財産を残したい」「自分の面倒を看てくれた二男夫婦だけに財産を残したい」「あいつは嫌いだから財産を残したくない」……。目に入れても痛くなかったかわいいわが子に対してでさえ、長い年月が経てば、さまざまな感情をもつものです。

みなさんの財産はみなさんのものですから、こうした感情を抑えて、子どもが平等になるように財産を分けなければいけないわけではありません。遺言では自分の意思で、自分が残したい子どもに財産を残して結構です。ただし親として、子ども同士がもめないようにする多少の配慮は必要だと思います。

たとえば、「長男に全財産を残す」というような遺言は、あとになって子ども同士がもめるもとです。

●配偶者と子には遺留分がある

相続では、子は親の遺産について最低限の取り分（これを「遺留分」といいます）をもらえることが決まっています。本来であれば誰に相続させるかは、みなさんが自由に決められるはずですが、法律では残された人が生活を維持できるようにという配慮があり、相続人それぞれに一定の取り分が認められています。

これは配偶者も同じです。あなたの妻（夫）は、あなたの財産について、あなたが望む、望まないにかかわらず、最低限の財産を相続できる権利をもっています。

たとえば、「妻（夫）には財産を残さず、すべて子どもに残す」というような遺言があったら、奥さん（ご主人）はあなたが亡くなったあと、生活できずに困ってしまいますよね。

ですから、このようなことが起こらないよう、配偶者にも子にも最低限の取り分を相続できる権利が認められているというわけです。

最低限の取り分がある相続人として認められている子や配偶者に、あなたが「1円も渡さない」という遺言を書いたとしたら、いくら仲のいい兄弟でも、ケンカになってしまいます。遺留分を主張されてしまったら（これを遺留分減殺請求といいます）、法律上、必ずその人の手に遺留分が渡ることになります。

遺留分の計算シート

相続財産を5000万円として計算してみましょう！

配偶者と子どもは法定相続分の $\frac{1}{2}$ が遺留分となる

相続財産
5000万円

法定相続人が配偶者と子ども2人の場合の遺留分

配偶者 $\frac{1}{2} \times \frac{1}{2} = \frac{1}{4}$ 法定相続分 → A □ 万円

子ども $\frac{1}{2} \times \frac{1}{2} \times \frac{1}{2} = \frac{1}{8}$ 法定相続分（1人分） → B □ 万円

法定相続人が子ども2人の場合の遺留分

子ども $\frac{1}{2} \times \frac{1}{2} = \frac{1}{4}$ 法定相続分（1人分） → C □ 万円

A：1250万円
B：　625万円
C：1250万円

ちなみに、法定相続人が父母のみである場合は、法定相続分の $\frac{1}{3}$ が遺留分となる → D □ 万円

D：1666万円

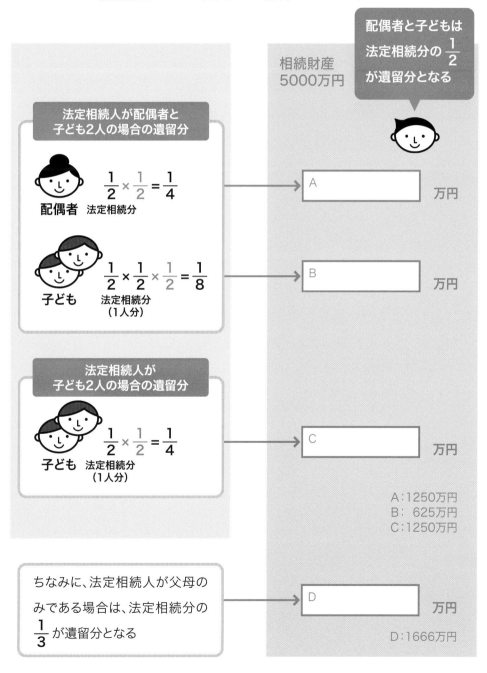

相続税・贈与税改正のポイント②
最高税率の引き上げ

基礎控除の引き下げとともに改正のポイントとなるのが、最高税率の引き上げだ。日本では所得税と同じように相続税も、課税の対象となる金額が大きくなればなるほど税率が高くなる累進税率が採用されている。

相続税は下図にあるように、これまでは相続財産の金額によって税率が６段階に分かれていたが、これが８段階に変わり、最高税率は50％から55％に上がる。

この改正で影響を受けるのは、主に相続財産が２億円を超えるような富裕層だが、富裕層にとってみれば財産の金額が大きいため、５％のアップでもかなり大きな影響を受けることが予想される。

相続税の税率

<table>
<tr><th rowspan="2">法定相続人の取得金額</th><th colspan="2">改正前</th><th colspan="2">改正後</th></tr>
<tr><th>税率</th><th>控除額</th><th>税率</th><th>控除額</th></tr>
<tr><td>1000万円以下</td><td>10%</td><td>—</td><td>10%</td><td>—</td></tr>
<tr><td>1000万円超3000万円以下</td><td>15%</td><td>50万円</td><td>15%</td><td>50万円</td></tr>
<tr><td>3000万円超5000万円以下</td><td>20%</td><td>200万円</td><td>20%</td><td>200万円</td></tr>
<tr><td>5000万円超1億円以下</td><td>30%</td><td>700万円</td><td>30%</td><td>700万円</td></tr>
<tr><td>1億円超2億円以下</td><td rowspan="2">40%</td><td rowspan="2">1700万円</td><td>40%</td><td>1700万円</td></tr>
<tr><td>2億円超3億円以下</td><td>45%</td><td>2700万円</td></tr>
<tr><td>3億円超6億円以下</td><td rowspan="2">50%</td><td rowspan="2">4700万円</td><td>50%</td><td>4200万円</td></tr>
<tr><td>6億円超</td><td>55%</td><td>7200万円</td></tr>
</table>

例：相続する財産が3億円の場合の相続税額

改正前　3 億円 ×40%－1700 万円＝1 億 300 万円

↓

改正後　3 億円 ×45%－2700 万円＝1 億 800 万円

500万円の増税！

PART3

税金で迷惑かけない

01 節税するなら、まず妻（夫）に相続する

相続税の計算では、誰が財産を相続するかによって相続税の金額が変わることがよくあります。

子どもが税金でもめないようにするためには、まず、このことを理解しておくことが大切です。そうしないと、親心からしたことが逆に子どもの税金を増やしてしまうことになりかねません。

たとえば、いくつになっても子どもは子ども、かわいさあまってつい親心から、妻や夫が亡くなって自分が相続をする番になると、「自分はなんとかやっていくから子どもにできるだけ財産をあげたい」と考える方が多いものです。

配偶者が亡くなったら、自分は老後の生活をしていくうえで最低限の財産さえ相続できれば、あとは子どもに財産をあげて、子どもの生活を楽にしたい、と。子ども思いの親なら、そう考えても不思議ではありません。

しかしながら、この親心は余計な相続税を発生させることになりかねないのです。

●配偶者の税額軽減の特例を使う

「相続税は、相続する財産がいくらかによって決まるのだから、誰が相続するかは関係ないのでは？」と考えがちですが、必ずしもそうではありません。

たとえば、配偶者が財産を相続する場合は、配偶者が取得する財産が、

①１億６０００万円以内
②法定相続分以内（子どもがいる場合は２分の１以内）

のどちらかであれば、相続税がかからないという「配偶者の税額軽減の特例」があります。

この特例を活かすことで左図で示すように、大きく相続税を減らすことができます。配偶者は事実上、相続する財産が1億６０００万円までは相続税がかからないということです。

ですから、自分と子どもとで財産の配分をするときには、まず、最低1億６０００万円までは自分が相続するなど、配偶者の税額軽減を上手に使えるようにしたほうが、ムダな税金を減らせます。

１００億円の財産があっても配偶者は50億円までは相続税がかからないのですから、いくら子どもがかわいいといっても、相続税のことを考えれば、少なくとも財産の半分は配偶者が相続をするのが得策というわけです。

配偶者の税額軽減と手続き

配偶者の税額軽減とは？

配偶者が相続する財産が		結果
1億6000万円以内	→	**相続税はかからない**
3億2000万円まで	→	**1億6000万円分が非課税**
3億2000万円超	→	**相続する財産の半分が非課税**

必要な手続きと書類は？

申告が必要	□	配偶者の税額軽減の特例の明細を記載した相続税の申告書
	□	戸籍謄本と遺言書の写しや遺産分割協議書の写しなど、配偶者がもらった財産がわかる書類 ※遺産分割協議書の写しには印鑑証明書もつける
あとになって特例を受ける場合は？	□	相続税の申告後に行われた遺産分割にもとづいて配偶者の税額軽減の特例を受ける場合は、分割が成立した日の翌日から4か月以内に更正の請求という手続きをする必要がある

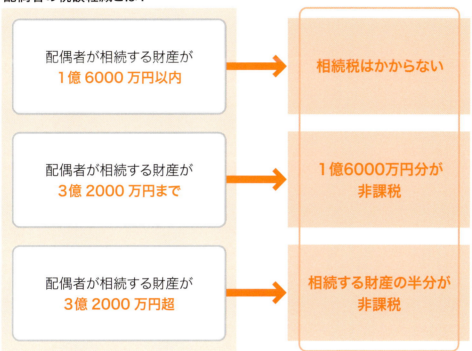

02 二回目の相続に用心し、ムダを省く

子どもが経験する相続は、

・父親が亡くなったとき
・母親が亡くなったとき

の二回あります。どちらが先かはわかりませんが、子どもは親の相続の心配を二回しなければならないということです。

配偶者の税額軽減を使って一回目の相続では相続税を逃れたとしても、二回目の相続ではお子さんだけで相続をしますから、税額軽減は使えません。

「父の相続では相続税がかからなかったので安心していたら、母の相続のときに多額の相続税が発生してしまった」。これは子どもにとって、相続の失敗における典型例です。

一回目の相続の場合には、「配偶者の税額軽減」のほかに、あとから説明する「小規模宅地等の特例」も使えますから、相続財産の評価額をかなり圧縮することができ、相続財産がそれなりにあったとしても、配偶者にもお子さんにも相続税がかからない場合があります。

しかしながら、二回目の相続では、これらの特例を使うことができなくなって一気に相続財産の評価額が増し、お子さんが支払う相続税が増えることがあります。

そこで、相続税のシミュレーションをするときには、二回目の相続による税額までを通して考えておくことが大事です。

●思わぬ累進課税の負担

「お母さんがこんなに財産をもっていたなんて！」

こんな子ども側の嘆きもよく聞きます。これは、父親の相続のときに、配偶者の税額軽減を使うために母親が相続したら、実は、母親は母親自身の親の財産も相続していて、いざ自分の子どもが相続するときには、ものすごい税金を支払うことになってしまったというケースです。

相続税の税率は累進税率といって、財産の金額が多ければ多いほど税率が高くなるしくみになっています。

基礎控除を差し引いて計算された相続人それぞれが相続する財産の金額が１０００万円までの税率は10%ですが、財産の金額によって段階的に税率が上がり、今回の税制改正で、６億円超の金額には55%という税率がかかることになりました。

ですから、財産をもっているあなたが配偶者の財産を相続してしまうと、子どもが二回目の相続で支払う相続税の金額が増えてしまい、結果として、まったく節税につながらないということがあります。

2回目の相続の考え方

財産の金額によっては、1回目の相続のときに多少税金を支払ってでも、財産を子どもに相続をさせたほうが、相続をトータル（2回分）で考えたとき、相続税が安くすむことがある

↓

2回目の相続を考えると、今の評価額は同じでも……
今後、値下がりしそうな財産は配偶者が、今後値上がりしそうな財産は子どもが相続したほうがトク

↓

配偶者が相続した財産は、2回目の相続のとき値下がりした分だけ税金が安くてすみ、値上がりした財産を相続することもなくなる

↓

税金のムダを省くことができる

たとえば、こんな考え方は！？

1回目の相続で毎月家賃が入ってくるアパートを配偶者が相続する

↓

2回目の相続のとき、受け取る家賃収入の分だけ子どもの相続財産が増える

上手に相続させるには？

お金を稼ぐ財産は子どもに相続させる

↓

2回目の相続で相続する財産を増やさないような対策を！

↓

**配偶者と子どもが相続する財産を
いかに振り分けるかは、とても大事な問題**

税金を減らすなら子どもに贈与する

03

「子どもに相続で苦労をかけたくないから、生きているうちに子どもに財産をあげてしまいたい」

これは誰でも一度は考えることだと思います。確かに相続税を減らす王道は財産を生きているうちにあげることです。遺産として家族に財産を残すと相続税がかかりますが、生きている間に子どもにあげれば相続税はかかりません。

しかし、その代わり、相続税逃れができないように、生きている間に財産をあげると、もらった人が贈与税という税金を支払わなければならないしくみになっています。贈与とは「あげる」ということですが、財産をあげると、もらった人に税金がかかるのです。

しかも、贈与税の税率は相続税よりも高く、相続税よりも税金の額が多くなるよう設定されています。相続税は財産が6億円を超えると税率が55％ですが、贈与税は４５００万円を超えると税率が55％になってしまい、相続税と比べ、かなり厳しいものといえるでしょう。

●贈与税の基礎控除を活用する

贈与税がかかるのでは、財産をあげて税金を減らすことなんてできないのでは？　と考えてしまいそうですが、実は贈与税の特徴を理解して上手に財産を子どもに引き継ぎ、税金のムダを省く方法があります。

贈与は生きている間であれば、いつでも何度でもでき、かつ相続税は計算が一回限り（相続のタイミング）であるのに対し、贈与税の計算は1月から12月までという期間を区切って毎年行われます。このとき贈与税には年間１１０万円まで基礎控除が認められています。つまり、年間一人につき１１０万円までは、子どもに財産をあげても税金がかからないというわけです。

また、贈与は自分の意思で誰にでもできますから、子どもの配偶者や孫などにも財産をあげることで、まとまった金額の財産を無税であげることができるのです。

たとえば、子どもが二人いてそれぞれに子ども（みなさんの孫）が二人ずついれば、子ども二人＋子どもの配偶者二人＋孫四人＝八人で、八人×１１０万円＝８８０万円を1年間で贈与できます。

これを10年、20年と続けていけば、無税で大きな財産を子や孫に渡すことができ、その分、税金を節約できます（「相続対策は早くはじめた人ほどトクをする」というのはこういうことです）。

贈与で気をつけたい名義預金と対策

贈与→あげる人ともらう人、お互いの合意があって初めて成立

↓

名義預金は合意がないから、贈与にならない!?
- もらった子どもに「もらった」という認識がない
- 子ども名義の通帳をつくり、お母さんが毎月あるいは毎年一定金額ずつ自分のお金をその口座に移していて、子どもがその事実を知らない

↓

贈与したことにならなければ、名義は子どもでも親の財産

↓

相続税の対象に!

□	対策① 贈与が成立していることを証明する	贈与の契約書をつくって、贈与をする側とされた側とで契約書に署名押印をしておく
□	対策② 贈与を受けた側が預金を管理する	預金通帳やキャッシュカードは贈与を受けた側が管理する。たとえば子どもがその預金からお金を引き出し使っているなど
□	対策③ 贈与をしたことを明確にする	年間111万円をあげて、贈与税の申告をしておく 111万円の贈与をすると、111万円−基礎控除110万円＝1万円が贈与税の対象となり、1万円×税率10%＝1000円の納税が必要。納税によって、税務署に「贈与があった」という証拠を残す

04

財産は子どもより孫にあげる

「自分は80歳。息子ももう50歳になって立派に生活していて、自分の財産をあてにする必要もない。だから孫に財産を残したい」

こんなふうに考えている方も多いのではないでしょうか？

相続税という観点からいえば、孫への贈与は、実は非常に大きなメリットがあります。

親が子どもに財産を贈与しても、子どもから孫に相続するときの相続財産になってしまうと、結局、相続税がかかってしまうことになります。それにより、贈与のメリットが薄れてしまいます。

そんなときは、財産を子どもではなく孫に贈与することによって、子どもにも孫にも相続税がかからず、孫に財産を引き継がせることができます。

●孫なら臨終の直前でもＯＫ

また、孫への贈与にはもう一つ特典があります。

実は、配偶者や子どもなど相続人への贈与は、贈与してから3年以内に自分が他界した場合、贈与はなかったものとして、贈与した分も相続財産とみなされ課税対象となってしまいます。

これは、被相続人が亡くなる直前に贈与をして、相続税を逃れることを防ぐための取り扱いなのです。

ところが、対象となるのは相続人だけです。孫は相続人とはいえませんから、孫に対しての贈与は相続財産とはみなされません。

したがって、相続税のことを考えると、贈与は子どもを通り越して孫にしたほうがより効果的というわけです。

●孫の負担減で子どもも楽に

贈与では、ただ、お金をあげるというのではなく、孫の学費や生活費を親（あなたの子ども）に代わって支払ってあげるというのも、相続対策としては有効です。

贈与に税金がかからないのは年間110万円までですが、孫の生活費や教育費、医療費などをそのつど支払ってあげても、それはそもそも贈与にはなりません。

孫を育てるにあたって子どもの負担が少なくなるのですから、子どもにとっても願ったり叶ったりといえるのではないでしょうか。

かわいい孫のためにお金を使って、相続税の節税ができるとなれば、一石二鳥というわけです。

孫に財産をあげるメリット

親 → 子 → 孫の場合

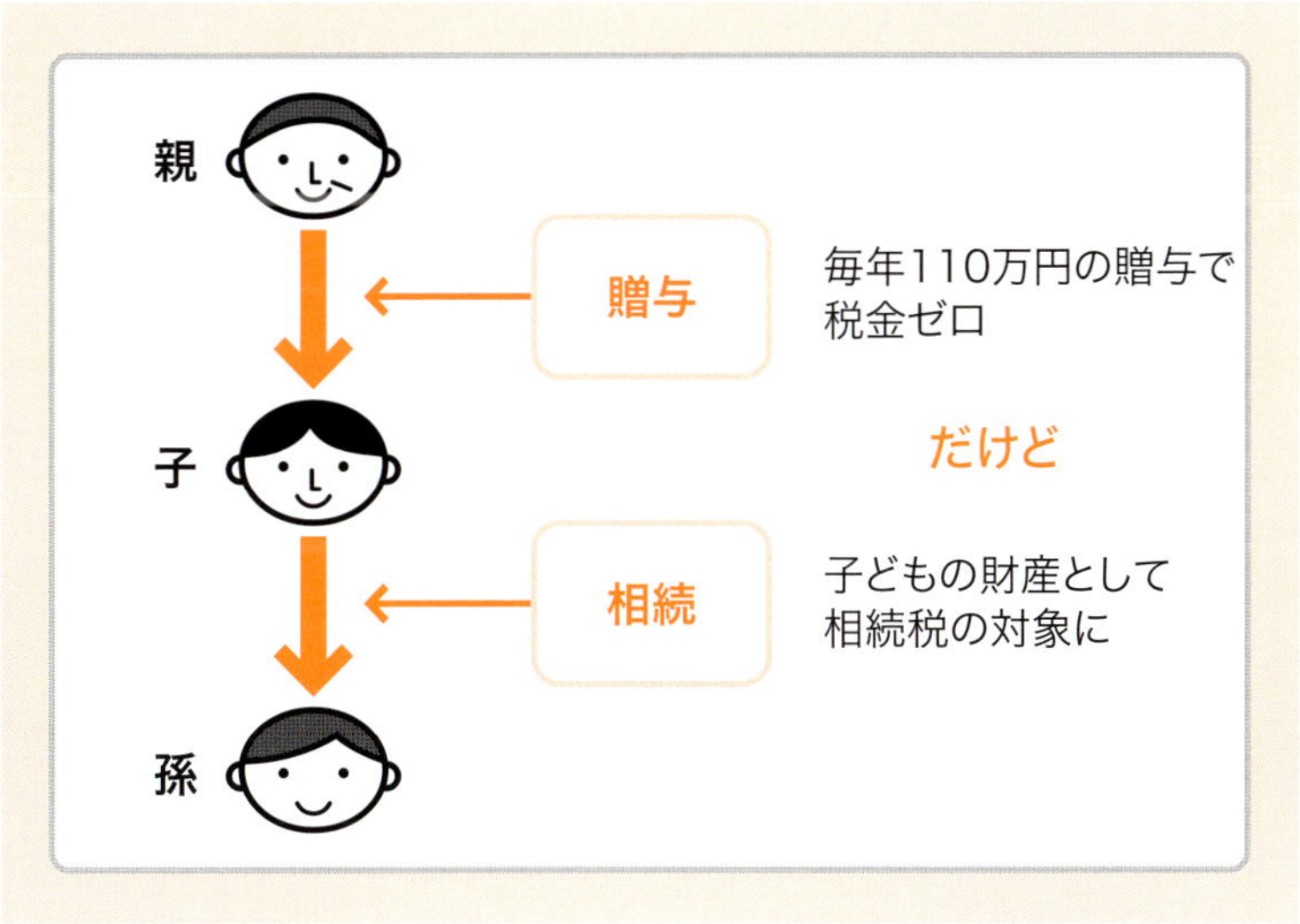

親 → 孫の場合

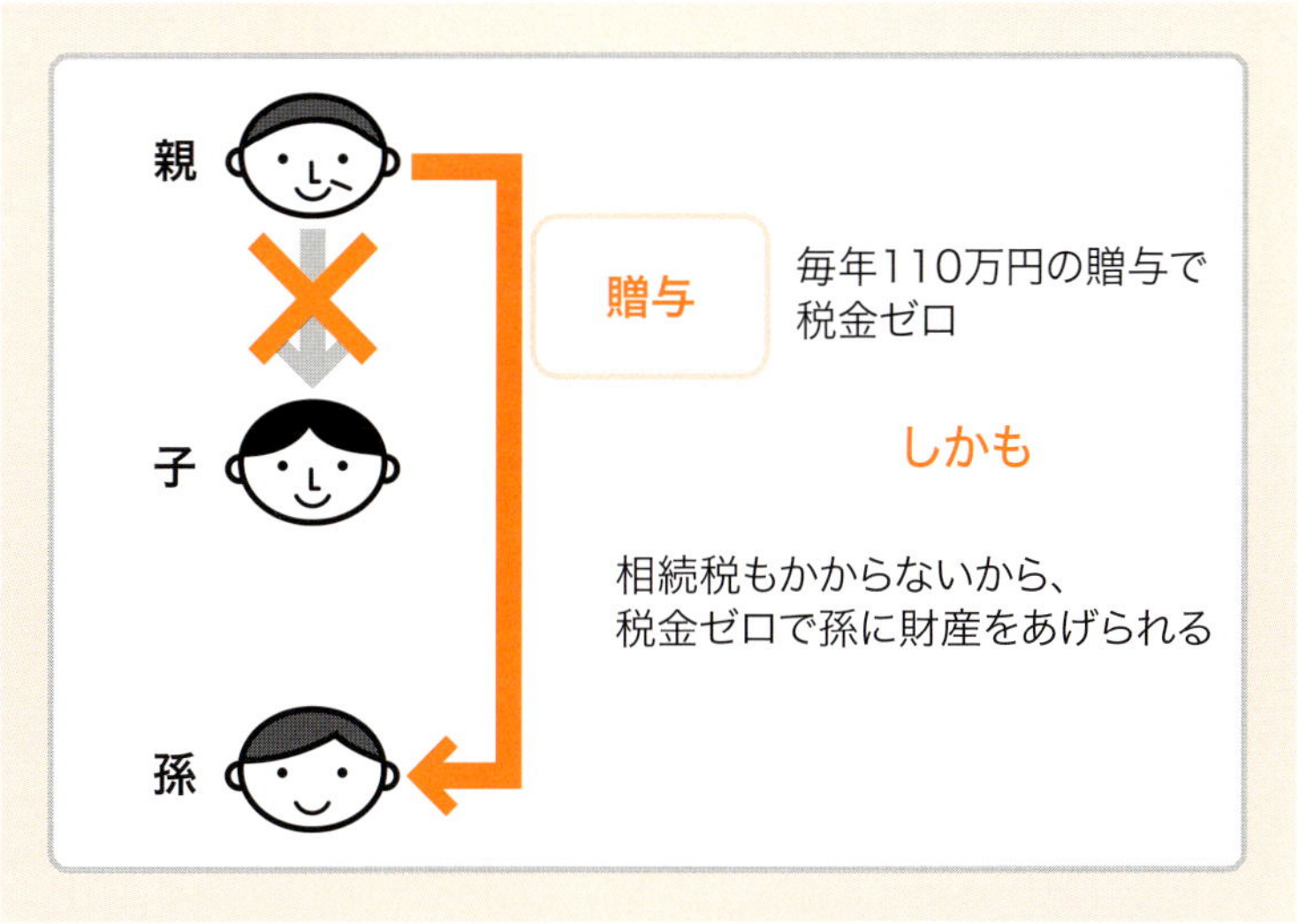

- 孫が多ければ、より相続税の節税メリットを発揮
- 孫の生活を援助すれば、結局、子どももラクになる

05 孫を養子にするのも節税につながる

「子どもが一人しかいなくて基礎控除が少ないから相続税がかかってしまう」「あと一人、子どもがいれば、相続税はかからなかったのに」

　このような嘆きを相談者から受けることがあります。相続する財産の額が同じでも、相続人の数によって相続税の金額が変わってしまいます。もちろん、相続人は法律で定められていて、簡単には増やせません。しかし、気持ちとしては一人でも増やしたいところですよね。

　そんなとき実は、実子（実の子ども）だけでなく養子も法定相続人になることができます。そこで昔から、孫を養子にすることが、相続税対策の一つとして行われています。

●養子のカウントは一人か二人

　それなら、うちには孫が六人いるから六人を養子にすれば六人分基礎控除が増えるのでは？　と思うかもしれません。確かに法律上、養子は何人いてもかまいません。

　しかし、相続税の計算上は実の子どもがいる場合、法定相続人として計算できる養子は一人までです（実の子どもがいない場合は二人まで）。

　つまり何人養子をとっても一人分しか基礎控除は増えないというわけです。

　それでも一人、法定相続人が増えると、

- **基礎控除が６００万円増える**
- **基礎控除が増えることで税率が下がる可能性がある**
- **死亡保険金や死亡退職金の非課税枠が５００万円増える**

といったメリットがあります。

　ただし、いくつか注意も必要です。まず、せっかく養子縁組をして法定相続人を増やすことができたとしても、節税を目的として養子縁組をしたと税務署にみなされると、税務署は養子を法定相続人の数として認めてくれません。

「自分と一緒に暮らしてくれている孫は、実の子どものようにかわいい」「将来お墓を守ってくれる孫に自分の財産を残したい」など、養子縁組することに、節税以外の目的や理由がなければいけません。節税はあくまでも結果であって、目的ではないことをはっきりさせておく必要があるのです。

　また、養子にした孫には当然に財産を相続する権利はあるのですが、相続税の計算上では、孫に無制限に相続を認めてしまうと、相続とばしができることになってしまうことから、孫が相続した分の相続税は2割加算されることになっています。

民法と相続税で異なる「養子」のとらえ方

民　法

養子は未成年者の場合は家庭裁判所の許可が必要など一定の要件を除き基本自由。何人いてもよい

相続税

		実子がいないケース	実子がいるケース
①	法定相続人の数のカウントで制約がある	2人までを法定相続人に	1人だけを法定相続人に
②	「2割加算」の対象となることも	相続とばしが横行!? ↓ 孫が養子の場合は、相続税は2割加算	100万円の相続税が120万円に

よくあるケース	・老後の面倒を看てくれた息子の嫁を養子に ・老後の面倒を看てくれた甥や姪を養子に

子どもや孫の数が少ない時代だからこそ、検討に値する!?

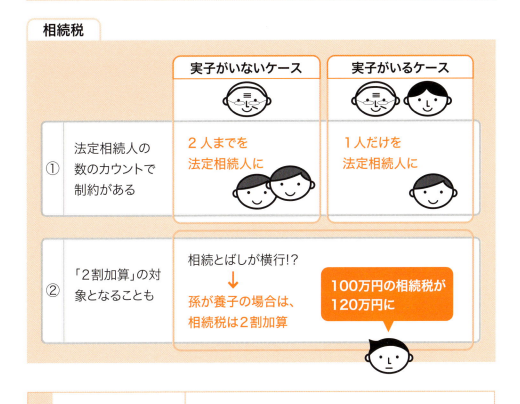

06 税金を払って財産をあげたほうがトク!?

会社を経営されている方や個人で事業をされているような方は、税金の支払いが身近にあるので、相続税や贈与税を支払うことに抵抗が少ない方が多いものです。

ところが、確定申告をされていないサラリーマンの方や主婦の方は、「税金なんて1円も払いたくない」とおっしゃるケースが多いようです。

これはすごく自然な意見ですし、もちろん可能な限り税金がゼロになるように節税対策をすることは大事です。

ただし、税金はトータルでいくらかかるかを考えなければ、結局は損をしてしまいます。

・相続財産がたくさんある
・贈与できるのが子ども一人だけしかいない

という場合には、110万円の基礎控除を使った贈与だけでは、相続財産を減らし切れず、多額の相続税がかかってしまいます。

このような場合には、「贈与税を支払ってでも、子どもや孫にお金をあげたほうがトク」ということがあります。

●相続税と贈与税の試算をする

相続税は財産が3億円を超えると税率は50%、6億円を超えると55%となって、半分以上も税金で取られてしまいます。それでも、一般的には相続税よりも贈与税のほうが税率は高いので、贈与するよりも相続させたほうが税金は安くてすむことになります。

ところが、たとえば年間400万円の贈与をする場合（110万円の基礎控除があるので、正確には510万円）を考えてみましょう。

そのときの税率は15%となっていますので、財産が3億円を超えるようなケースでは、贈与をせずに相続を迎えて50%の相続税を支払うよりも、15%の贈与税を払って10年間、贈与を続けたほうが、結局は税金が少なくなります（左図参照）。

子どもや孫に財産をあげる場合の基本は、年間110万円の基礎控除内で毎年続けることになりますが、相続財産が多い人はむしろ、基礎控除を超える贈与をしたほうが相続税を安くでき、トータルの税金を少なくすることができるのです。

具体的なシミュレーションは専門家に相談していただくのがよいのですが、相続と比較した財産の贈与の損得についてはシミュレーションが必要です。

財産が大きい人の相続税と贈与税の損得シミュレーション

相続財産５億円の場合

A 贈与をしなかった場合の相続税

（支払う相続税の金額）

5億円 ×50%－4200 万円＝2億 800 万円

B 毎年510万円の贈与を10年間した場合

（支払う贈与税の金額）

控除額

(510 万円－110 万円）×15%－10 万円＝50 万円
50 万円 ×10 年＝500 万円

（支払う相続税の金額）

5億円－(510 万円 ×10 年)＝4 億 4900 万円
4億 4900 万円 ×50%－4200 万円＝1 億 8250 万円

（税金トータル）

500 万円+1 億 8250 万円＝1 億 8750 万円

A 2億800万円 ＞ B 1億8750万円

毎年贈与したほうがトク！

贈与税の税率と相続税の税率によって、贈与税を支払ってでも贈与したほうがトクなことがあるので、いくら贈与するかをシミュレーションすること！

07

お金が心配なら保険料を贈与する

子どもにお金をあげることが節税対策になることはわかるけど、「子どもや孫に毎年100万円を超えるお金をあげるのは心配」という方もいるでしょう。

・**子どもが無駄遣いをしないか**
・**子どもの金銭感覚が乱れないか**
・**若いうちから苦労を知らずに生活させていいのか**

このような心配をすることも、親としては当然です。子どもには立派な社会人になってほしいと願いながらも、何とか子どもに上手に財産を残してあげたい。これは親の切実な悩みです。

この悩みは、保険を利用して解決することができます。それは、子どもが契約者となって、みなさんが亡くなったら保険金を受け取ることができる保険に入るのです。つまり、

・**保険契約者＝子ども**
・**被保険者＝親（あなた）**
・**保険受取人＝子ども**

という保険の契約をするのです。

●保険料＋保険金の効果

保険の契約者は子どもなので、子どもが保険料を支払うことになりますが、この保険料に相当する金額を子どもにあげればいいのです（年間110万円までは無税です）。

すると、子どもはみなさんが生きている間はお金を受け取ることができないので、無駄遣いすることがありません。

かつ、みなさんが亡くなったときに子どもが受け取る保険金は、相続税の対象にはなりません。なぜなら保険の契約をして保険料を支払っているのは子どもということになっていますから、保険金はみなさんの財産とはみなされないのです（一方、みなさんが自分で自分に保険をかけ、その保険金を子どもが受け取ると、それには相続税がかかります）。

このように保険を使うことで、子どもの無駄遣いの心配がなくなり、相続のときに保険金としてまとまった金額を子どもが受け取れると、相続税の節税をしながら、上手にお子さんに財産を残すことができます。

ただし、子どもが受け取る保険金は、一時所得として所得税の対象にはなります。

やっぱり税金がかかるのか……と思いますが、課税されるのは受け取る保険金から支払った保険料を差し引いた残りで、一時所得は税金を計算するうえでかなり優遇されています。保険を使わずに相続税を払うケースと比較すると、子どもが支払う税金はかなり安くなるはずです。

生命保険の「保険料・保険金」の税務の考え方

□	1	子どもが保険料を負担した生命保険の保険金を受け取った場合、保険金を受け取った子どもの一時所得として所得税がかかる
□	2	保険金の受取人が被相続人の場合や被相続人の死亡によって取得した保険金で、保険料を被相続人が負担していたものは相続財産として加算 →P62参照
□	3	P60の設定の場合の保険料は贈与の対象となるが、110万円までは無税

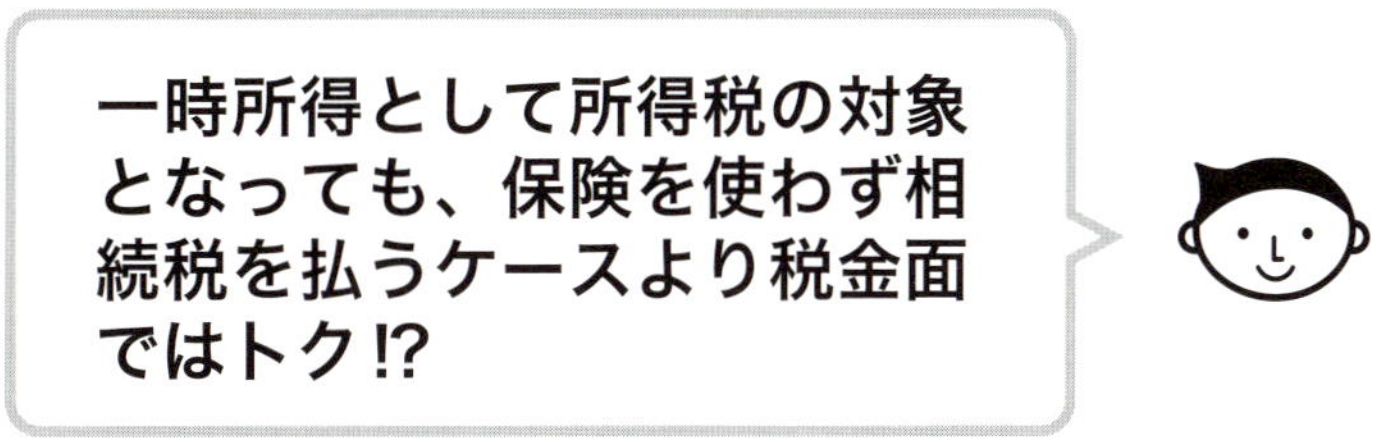
一時所得として所得税の対象となっても、保険を使わず相続税を払うケースより税金面ではトク!?

08

生命保険で節税するテクニック

前項では、生命保険料相当額を贈与する節税方法を紹介しましたが、この方法のほかにも生命保険を使って節税をするテクニックがもう一つあります。

みなさんが現在、保険契約者として自分に保険をかけ、保険料を支払っていた場合です。

遺族が受け取る保険金には、相続税がかかることになっているのですが、受け取る保険金のうち、５００万円×法定相続人の数までは税金がかからない、非課税の枠が認められています。

たとえば、配偶者が自分にもしものことがあったときのために生命保険に入っていたとしましょう。

法定相続人が自分と子ども二人の計三人であれば、死亡保険金は５００万円×三人＝１５００万円まで相続税がかからないということになります。

民主党政権時代にはこの非課税枠は縮小される方向だったのですが、自民党政権になってむしろ増額するような動きがありました。

結局、現在までのところ何も改正がなく、いまも従来どおりということになっています。

●非課税の枠をうまく活用する

生命保険は、通常は支払った保険料よりも受け取る保険金のほうが多くなければ、保険に入るメリットはありません。ですから、保険に入るときには、支払う保険料と受け取る保険金の額を比較することになるでしょう。

ただ、相続税のことを考えるなら、万が一、支払った保険料と受け取る保険金が仮に同額であったとしても、生命保険の非課税枠を使うことで、残せる現金を多くできることがあります。

たとえば左の図は、仮に保険料と保険金が同額、かつ46ページの図でいう相続税率50％の人を例にしてあります。

生命保険は通常、支払う保険料よりも受け取る保険金のほうが多いのですが、その場合でも、やはり生命保険には加入したほうが相続税額としてはトクだといえます。

一般的に、持病があったり高齢になったりしていると、ご自身の目的に応じたいい保険に入ることがなかなかできないものです。そこで「生命保険には入らなくていいや」と思っていた方でも、相続対策という観点から、おトクな保険がないかどうか、ぜひ見直してみることをおすすめします。

そのまま相続 vs 保険加入の損得シミュレーション

現金1500万円をそのまま相続した場合

現金		相続税		残せる現金
1500万円	−	750万円	＝	750万円

↑ 1500万円 × 50%（税率）

1500万円で受取保険金1500万円の保険に入った場合

現金		生命保険料		受取保険金
1500万円	−	1500万円	＋	1500万円

同額

↑ 非課税枠があれば相続税はかからない

残せる現金

＝ 1500万円

支払う保険料と受け取る保険金が同額でも、保険に入ったほうが残せる現金は多い！

09 お墓や仏壇はいまのうちに買う

相続税では、基本的にすべての財産が課税対象となるのですが、墓地や墓石、仏壇などの財産は、相続財産ではあるものの相続税のかからない財産として取り扱われます。

ですから、仏壇や先祖代々のお墓などがない場合は、これらを、生きているうちにみなさん自身が買っておくと、その分だけ相続税の節税になります。とくに墓地は数百万円するものもあり、大きな節税効果があります。

●支払いをすませることが大事

ポイントは相続が発生する前、つまり、自分が生きている間に墓地や仏壇などを購入していることです。亡くなったあとに相続人が買うと、それは相続をした現金で購入をしたことになり、その分が相続税の対象となってしまいます。

また、代金の支払いが終わっていなければ相続税がかかってしまうことから、借金をして墓地を購入した場合や仏壇の代金をまだ支払っていないようなケースでは、未払い分は相続税の節税になりません。

したがって、購入したらすぐに代金を支払うようにします。

ちなみに、骨董品として取り扱われるような高額な仏具の場合は、相続税の課税対象となります。ですから、純金の仏像をいくら買っても、残念ながらそれは相続税の節税にはなりません。

●自分のすべき支払いもやっておく

また、墓地や仏具に限らず、親が支払っておける費用があれば、生きている間に支払っておくことで、相続財産を減らすことができます。

たとえば、測量図がまだなければ土地の測量を生前にしておくことをおすすめします。

相続した土地を売る場合や土地で相続税の物納をする場合には、土地の面積をはっきりさせる必要があります。

そのためには、土地家屋調査士に依頼して隣の土地との境界線がどうなっているかを確定させたり、測量をして土地の面積を明確にしたりしなければなりません。

また、代々受け継いでいる土地などは、実際の土地の面積が登記簿の土地の面積とは異なっていることがあります。

俗にいう縄延び（実際の面積のほうが登記簿よりも大きい）、縄縮み（実際の面積のほうが登記簿よりも小さい）がこれに当たります（左図参照）。

測量の「縄延び」と「縄縮み」とは

	縄延び		縄縮み
	実際の面積のほうが登記簿よりも大きい		実際の面積のほうが登記簿よりも小さい
□	相続税の計算において特例（74ページ参照）を使うことができて相続税の金額を減らすことができる場合もあり、測量をしたほうがよいケースも	□	登記簿の面積で相続税の申告をすると、実際の面積で申告するよりも税金を多く支払うことになってしまう

測量のメリットとデメリット

□	デメリット	測量や境界線の確定には百万円単位の費用がかかる
□	メリット	生前にこれを行っておけば相続人は費用を負担する必要がなくなり、相続財産を減らすことができ、結果、相続税のムダを減らせる

自分がもっている土地はどうだろう？
という場合には、専門家に相談をしたうえで、
測量をしておく

相続税・贈与税改正のポイント③
相続増税の一方、贈与税は減税に!?

今回の税制改正は必ずしも増税ばかりではなく、減税されるものもある。その一つが「孫への教育資金のための贈与は1500万円まで非課税」という時限措置だ。平成25年4月1日から平成27年12月31日までの間、金融機関等に孫の教育資金を一括で信託した（預けた）場合、1500万円までは贈与税はかからない。

毎年の学費など孫の教育資金をそのつど支払うことは贈与には該当せず、もともと贈与税はかからなかった。その点、これは、あまり意味のない制度のようだが、たとえば祖父母が亡くなったあとも孫に教育資金を渡したい場合、この制度を使って期限内に贈与しておけば相続税を安くできる。贈与する孫の数に制限はなく、孫が3人いれば4500万円、4人いれば6000万円の贈与が可能で、その分、相続財産を減らすことができ、相続税を減らせる。

●手続きは金融機関を経由

手続きは、信託銀行等の金融機関が教育資金を一括で預かって管理する。そして学費など、孫の教育資金目的で請求があった場合に限って、金融機関は預かったお金の支払いにそのつど応じる。支払いには学校による証明書等の発行を条件とし、税金逃れができないようなしくみになっている。

孫が30歳になるまでの教育費が対象で、30歳になった段階での残金は、一括で孫への贈与があったという形で処理され、贈与税の対象になる。

なお、対象となる教育費は学校や塾などに支払う学費や入学金などだが、塾や習いごとといった学校以外への支払いは、500万円が上限である。

●財産の移転が国の目的

国は、相続税の強化によって、少しでも高齢者にお金を使ってもらい、子どもや孫の世代にお金を移転（贈与）させることで、経済を活性化させようという意図がある。

ちなみに、正式には、この制度の対象は「直系尊属からの贈与」である。直系は両親や祖父母、子ども、孫といったタテの血縁関係で、尊属というのは目上の人のこと。だから、親から子への贈与も非課税の対象になり、ひ孫への贈与も対象になる。

PART4

不動産で迷惑かけない

何より重要なのは自宅をどうするか

01

子ども二人に残せるのは、多少の預貯金と自宅のマンション一室だけ。住む家にかかるお金が世界一高いといわれている日本では、このような家庭が最も一般的ではないでしょうか？

国税庁のデータでは相続財産に占める不動産の割合は52％と、財産の半分以上を占めています。

自宅と預貯金を子ども二人に相続させるような場合、「自宅も預金も子どもたちに半分ずつ相続させたい」と考える方は多いものですが、問題は、自宅は二つに分けることができないということです。

現金や預金は簡単に分けることができますが、家やマンションといった不動産は物理的に分けることができません。不動産がいくつかあれば、兄弟に一つずつ分けてあげることもできるのでしょうが、「不動産は自宅だけ」という方がほとんどですから、分けられませんよね。

そこで、兄弟に平等に相続させるためには2分の1ずつ一緒にもたせることになるのですが、これがあとで大きな問題を引き起こします。

そもそも不動産を相続させる方法には、

①現物分割
②換価分割
③共有
④代償分割

の四つがあります。その内容は、左図をご参照ください。

相続では、このうち③共有が選択されることが多いのですが、共有には左図に挙げたように、さまざまな問題があります。不動産を兄弟で共有させることは極力避け、もめずにどちらかが相続できるような手はずを整えてあげるのも、親であるみなさんの役目です。

●自宅の評価額はいくらなのか

みなさんに最も身近な不動産は、みなさんの自宅（持ち家の場合）ですよね。不動産の相続では、まず「自宅の評価額がいくらなのか？」を調べることからはじめます。

自宅を評価するときは、左図のように、土地と建物とに分けて評価します。

土地は、基本は「路線価」という指標をもとに計算します。基本の計算式としては、路線価×土地の面積＝土地の評価額となります。

また、建物についてもさまざまな評価方法がありますが、相続税（贈与税も同じ）での評価方法が定められていて、固定資産税の評価額で評価することになっています。

不動産を相続するときの4つの方法

□	**現物分割**｜不動産そのものを物理的に分ける方法。ただし、自宅しかない場合にはむずかしい
□	**換価分割**｜不動産を売ってお金に換えてから受ける方法。生前に行っておけば相続人は費用を負担する必要がなくなり、相続財産を減らすことができ、結果、相続税のムダを減らせる
□	**共有**｜平等に分けることができ、所得税もかからない方法として、たとえば「兄弟二人に一緒にもたせる」こと。相続ではこの方法が選択されることが多いが、さまざまな問題がある ・どちらかに緊急でお金が必要となった場合に、不動産を売ろうとしても、共有している人の同意がなければ、売却できない ・兄弟のどちらかが亡くなれば、孫たちが共有者に加わることになったり、子どもの配偶者が共有者に入ったりして、共有している人たちの関係はどんどん複雑になる
□	**代償分割**｜不動産を相続する人が不動産を相続するかわりに他の相続人にお金（など）を支払う方法

代償分割の活用法

相続財産が評価額5000万円の自宅と1000万円の預貯金しかない場合

↓

兄弟に3000万円ずつ分けたくても、自宅は今後も長男が住むので長男に相続させると、平等に相続させることができなくなる

↓

自宅は長男に相続させるかわりに、長男が現金2000万円を二男に渡す

↓

長男に預貯金がなくて一度に2000万円を支払うことができない場合は、分割払いにしてもよい

土地と建物の評価の方法は？

□	**土地の評価額**｜ ・公示価格にもとづいて計算した評価額 ・固定資産税の評価額 ・路線価にもとづいて計算した評価額 ・近隣の売買事例から計算した評価額 ・不動産鑑定士による評価額 上記のうち相続・贈与での基本は「路線価」を使った評価額→路線価×土地の面積（地積） 路線価とは？　国税庁が毎年7月に公表する、全国の土地価格の指標 土地が接している道路に値段をつけたもの。道路に面している土地は1㎡あたりいくら、という値段がつけてあり、地域によって変わる 路線価のついていない土地は？　毎年支払う固定資産税の評価額に一定の倍率をかけて計算する→倍率方式
□	**建物の評価額**｜ 固定資産税の評価額で評価 毎年6月くらいに届く固定資産税の通知を要確認

マンションは最上階を買う

02

先日次のような質問を受けました。

「不動産屋さんから、相続税対策として高層マンションの最上階を買うことをすすめられたのですが、本当に相続税対策になるのですか？　高層マンションの最上階なんて一番高い部屋だから、相続税もたくさんかかるのではないでしょうか？」

確かに高層マンションの最上階というのは高級感があり、相続税が高そうです。でも、この不動産屋さんの言うことは実は正しいのです。では、なぜ、そのようなことが起こるのでしょうか？

マンションも不動産ですから、土地と建物とを分けて評価しますが、分譲マンションは一つの土地と建物を所有者がみんなで一緒に持ち合って（区分所有して）いますから、土地と建物の評価をするのが一軒家とは異なり、少し複雑になります。

●マンションの評価額の求め方

マンションの評価額は、まず、土地についてはやはり路線価で評価します。マンション全体の敷地の金額を路線価で評価し、それを各住戸の持分割合で按分します。持分割合は多くの場合、階層や向きに関係なく各住戸の面積のみを基準とします。

建物については、固定資産税評価額で評価しますが、これもマンション全体の金額が各部屋の面積のみを基準に割り振られます。つまり、同じマンションのそれぞれの住戸の相続税評価額は、部屋の面積のみが基準となって全体を割り振るので、部屋の面積が同じであれば1階も最上階も同じになり、マンションの上層階の眺望、ステータスなどはまったく評価に影響しません。

50階建てのマンションの50階の南向き1億円で販売された部屋と、2階の北向き７０００万円で販売された部屋は、間取り（床面積）が同じであれば相続税評価額は同じです。

単純化して考えてみましょう。

相続財産が2億円あり、そのうち預金が1億円あったとします。

この預金1億円をそのままもっている場合と、1億円でマンション（相続税評価額は５０００万円）の最上階を買った場合とでは、相続税の金額は１５００万円違います（左図参照）。

相続した人がマンションを売れば、不動産屋に支払う手数料や不動産取得税などの税金を支払ってもおつりがきますから、相続税対策には高層マンションの最上階がおトクという不動産屋さんの話は決してウソではないのです。

マンション購入の損得

マンションは最上階を買う

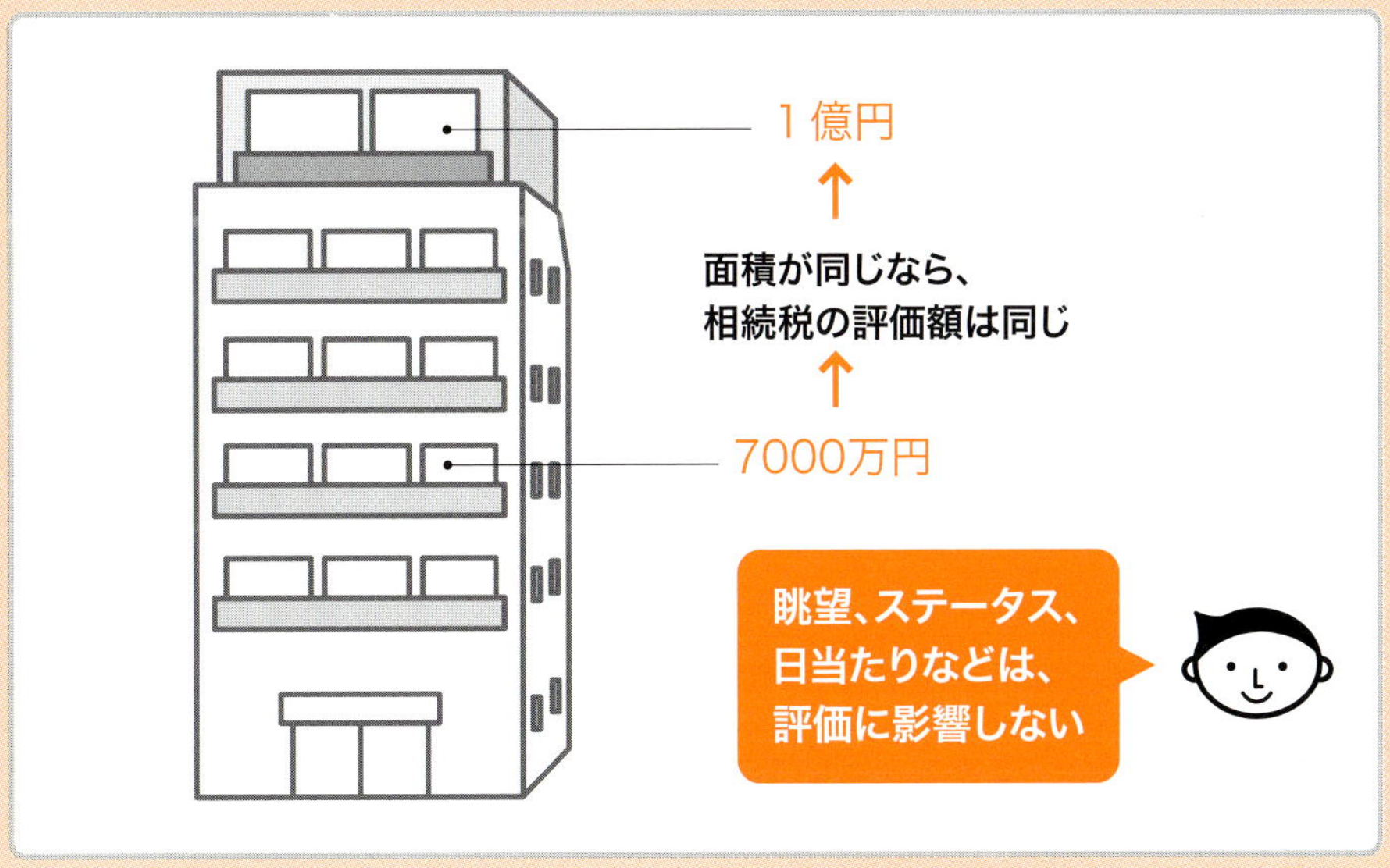

預金1億円の相続のしかた

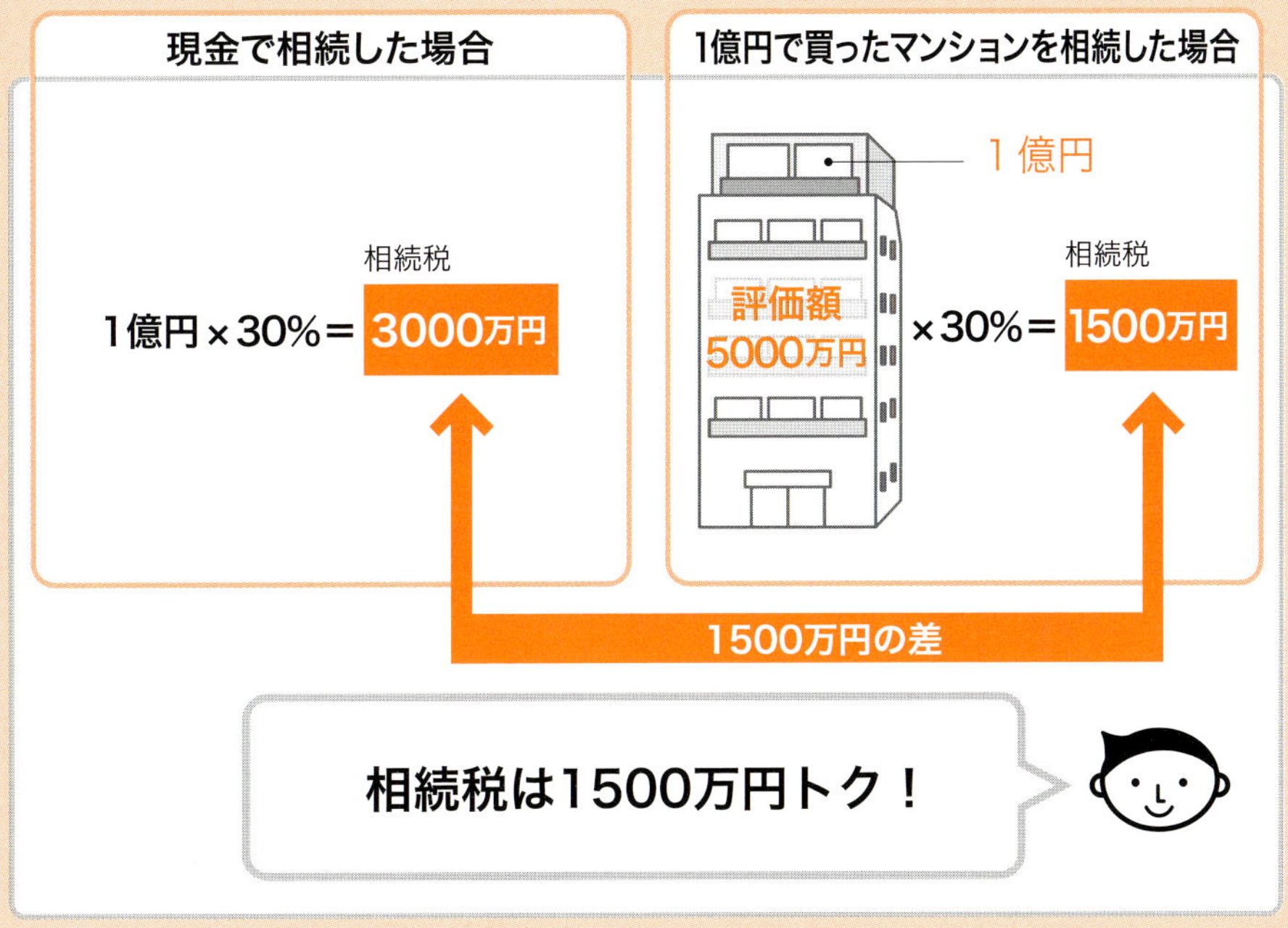

土地は二つに分けるだけで、節税できる

03

　土地には、左図のように、二つ以上の道路に面しているところがあります。このような土地はどちらからも出入りができるため利便性がよく、評価額が高くなります。

　それでは、土地に二つ以上の路線価がある場合、どちらの路線価を使うことになるでしょうか。安いほうの路線価を使いたいところですが、路線価が二つ以上ある土地は、細かい計算を無視すれば、金額の高い路線価を使って土地の評価額を決めることになります。

　したがって、左図の土地Ⓐ、Ⓑの評価額はどちらも、100万円×200㎡＝2億円となります。評価額が高くなって多くの税金を納めなければならなくなるなんて、ちょっと損した気分ですよね。

●土地を区分して所有する

　ところが、この土地の金額（評価額）を相続のさせ方で大きく減らす方法があります。

　実は、この土地を全体で評価しなければならないのは、土地全体を一つの区分として利用しているときだけです。

　ということは、土地を二つに分けてしまえば、それぞれ別々に評価をすることができるのです。

　つまり土地を二つに分けて、子ども二人に別々に相続をさせる場合は、土地を別々に評価することができるということです。

　このケースでは土地を二つに分けるだけで、評価額が5000万円も減額されるということです。「そんなこと知らなかった！」とならないよう、工夫して子どもに上手に相続させましょう。

　これは、みなさんが元気なうちから早めに対策をとっておくということではなく、みなさんの相続が発生したあと、配偶者や子どもが相続税を納める前に、いわば急場でできる対策でもあります。

　とくに財産のうち、土地は分けにくいものの筆頭に挙げられます。そのため、つい子ども同士がもめることを避ける意味もあり、共有することを考えがちです。

　ところが共有は、のちになってももめることが多いこともよく知られています。

　ですから、具体的には土地の形状やどんな地域かなどによりますが、「相続の発生後でも可能な節税策」として考えておきましょう。

土地の評価方法と分割のしかた

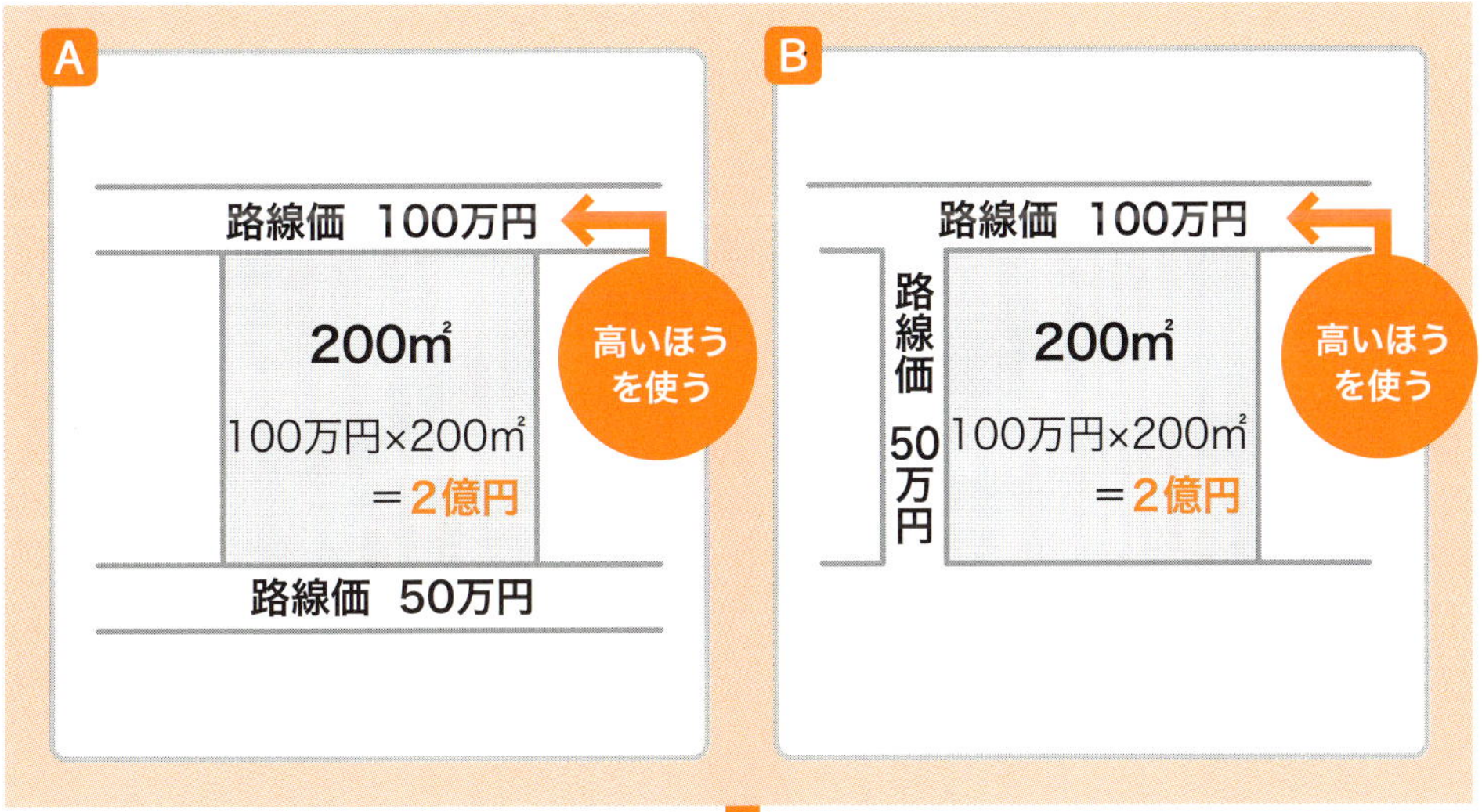

2つに分けるだけで
評価額を 5000 万円減額できる

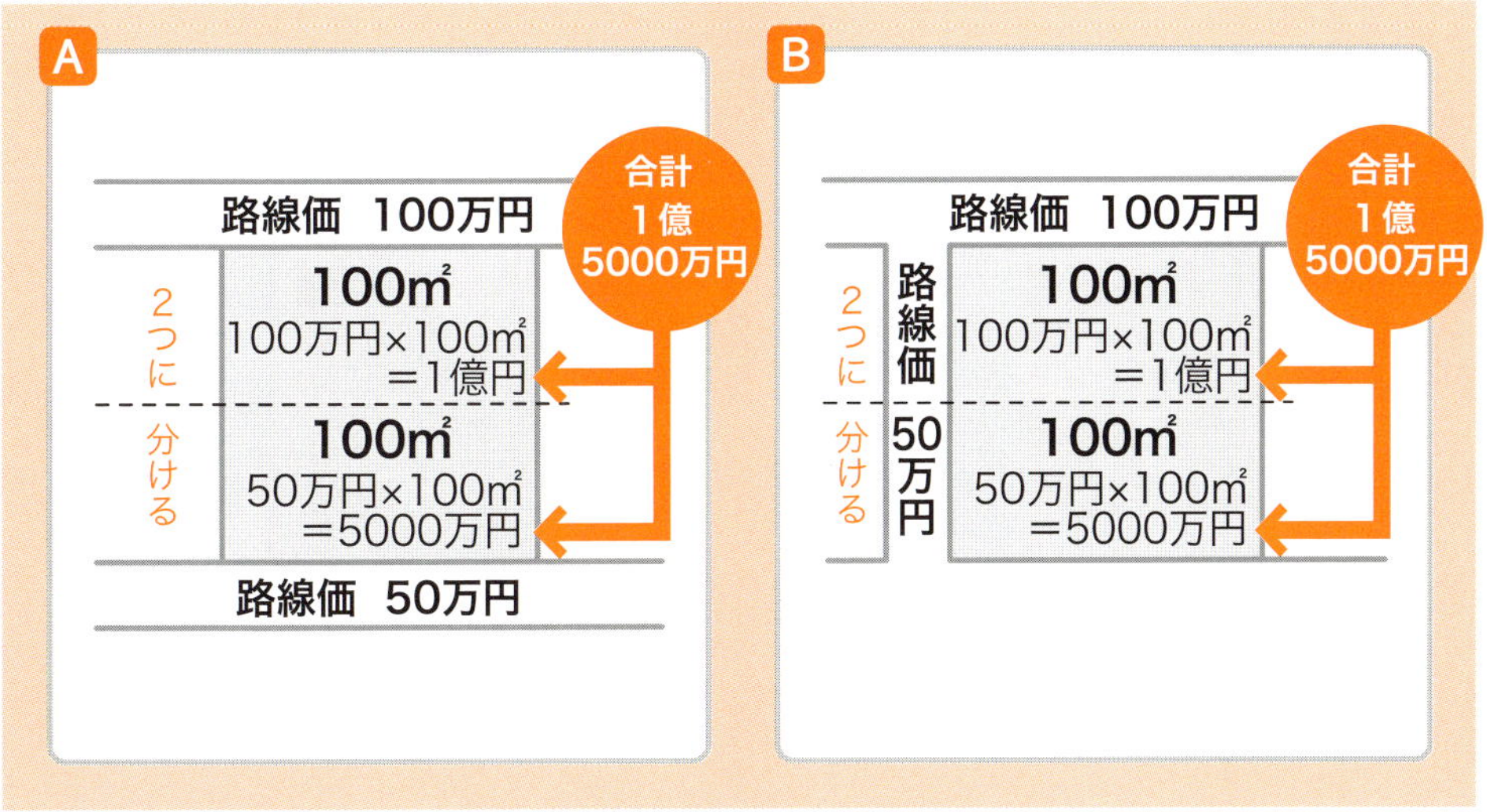

04 広い土地に住む人は引っ越しを検討

相続税の計算をするうえで、自宅については、土地の評価額を最大で330㎡まで80％減額してくれる特例（これを「小規模宅地等の特例」といいます）が認められています。

この特例は、相続税の支払いのために、自宅など生活に必要な不動産を手放さなくてすむよう、土地の評価額を引き下げてくれる制度です。

さて、この小規模宅地等の特例ですが、減額される土地の面積には330㎡という上限がありますが、金額に制限はありません。都心の高い土地でも地方の安い土地でも330㎡までは80％減額できることになっています。

つまり、土地の値段の高い都心のほうが地方よりも減額幅が大きいということです。

たとえば、評価額が1億円の二つの土地（Ⓐ都心の330㎡の土地、Ⓑ地方の3300㎡の土地）があったとします。

まず、Ⓐの都心の土地は330㎡以内ですから、条件を満たせば小規模宅地等の特例によって、80％の減額対象となります。

したがって、1億円の土地の評価額は8000万円減額されて2000万円になります（つまり相続税はこの2000万円についてだけかかります）。

これに対して、Ⓑの3300㎡の土地は上限の330㎡までしか減額できませんから、減額される金額は左図のように800万円となり、土地の評価額は9200万円となってしまいます。

同じ1億円の土地なのに7200万円も評価額が変わる……、相続のことだけを考えると、地方の広い土地に住んでいる人は都心に引っ越すとトクということになりますね。

●総合的に見て判断する

もし引っ越しできる状態であれば、都心に引っ越すことで相続税の金額を大幅に減らすことができます。

また、都心部への引っ越しは小規模宅地等の特例が使えない場合でもメリットがあります。

相続税や贈与税において土地は、先述したとおり「路線価」に基づいて評価をしますが、一般的に、地方だと実際の相場の70％から80％程度、都心部では50％程度のところもあるといわれています。

ですから、子どものことを考えたら地方の土地を相続させるより、都心部の土地を相続させたほうが実際の価格と比較すると税金の負担が軽くなることが多いのです。

小規模宅地等の特例と損得比較

小規模宅地等の特例とは？

1億円の土地（330㎡以内）

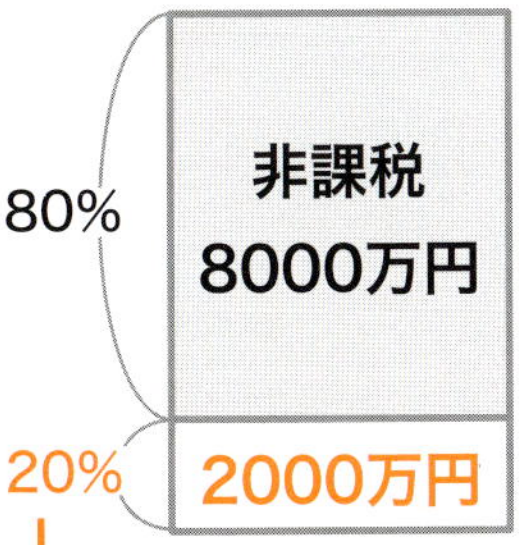

2000万円だけが
課税対象

特例が使えるのは

①配偶者
②相続前から同居していた親族（引き続き住み続ける必要あり）
③過去3年間持ち家に住んだことがない親族

のいずれかが相続した場合

比べてみよう

A

都心の330㎡の土地（1億円）

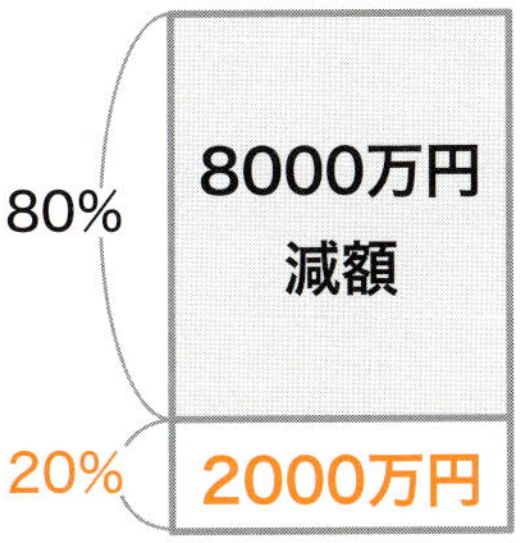

1億円×80%＝8000万円の減額
土地の評価額　2000万円

B

地方の3300㎡の土地（1億円）

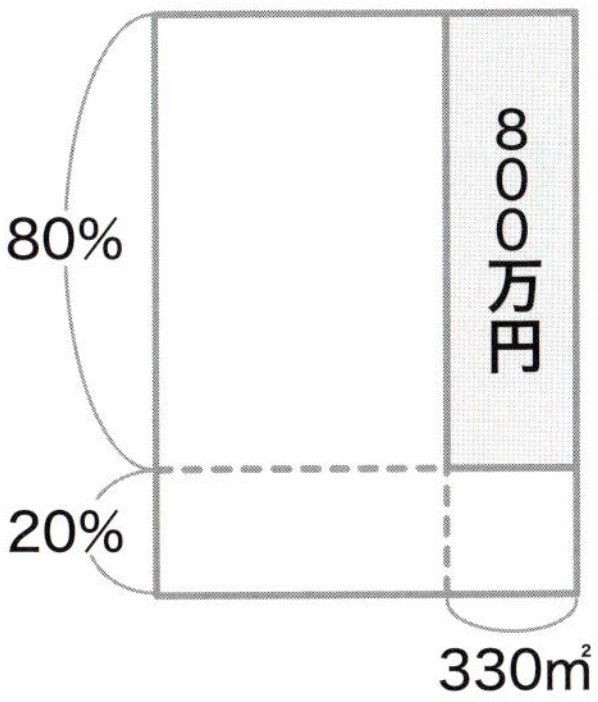

1億円×$\frac{330}{3300}$×80%
＝800万円だけ減額
土地の評価額
1億円−800万円＝9200万円

引っ越しできるなら、
引っ越しておいたほうがトク！

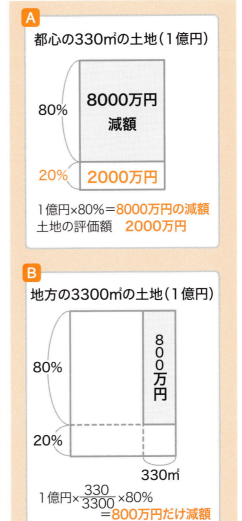

空いている土地にはアパートを建てる

05

　土地といっても、空き地、駐車場、家やビルが建っている土地、畑や田んぼなど利用方法はさまざまです。また、土地を自分で使っているケースもあれば他の人に貸しているケースもあります。

　自分で土地を使っている場合には、いつでもその土地を自分の好きなように使ったり売ったりできます。

　ところが、他の人に貸している土地で借主が家を建てている場合や自分で土地にアパートを建てて貸している場合には、建物に住んでいる人がいますから、簡単に出ていってもらうことができません。

　このように土地の利用に制限のある土地は、いざ売却しようとしても買い手がつきにくいため、値段も安くなります。

　そこで、相続税の計算上も、このような土地は評価を安くしてくれることになっています。

●借地権などに応じて減額される

　たとえば、土地を貸して借主がその土地に家を建てている場合、借主は、その土地を利用する権利（これを「借地権」といいます）をもちます。土地の持ち主は、権利の一部を借主に取られていることになり、土地の評価額も、土地の評価額から借地権の評価額を引いたものになり、大きく減額されます。

　「相続税対策にはアパートを建てろ」とよくいわれます。これは、土地や建物が自分の所有でも、アパートを建てると部屋の借主が住む権利（借家権）をもつこととなり、土地を自由に利用できず、アパートを壊すような場合にも立ち退き料を支払わなければならなくなるため、一定割合を減額してもらえるからです。

　評価額の計算式は、土地の評価額×（1－借地権割合×借家権割合）となっています。借地権割合はおおむね50～60％程度、借家権割合は30％となっていますから、アパートを建てると土地の評価額から15～20％程度の減額ができます。

　また、アパートは建物についても減額があります。建物は、固定資産税評価額で評価しますが、他の人に貸している建物は30％引きで評価をしてよいことになっています。２０００万円の建物であれば１４００万円で評価することになります。

　ただ、このようにアパートを建てると確かに相続税対策にはなりますが、もしこれから建てるなら、大事なのはアパート経営自体が儲かるかどうかですね。

アパートを建てる際の検討ポイント

□ 安易に考えない	自分の土地や建てるアパートが周辺の他のオーナーや他の業者のアパートなどと対抗できるような優位性をもつことができるか
□ いろいろな検討材料を集めよう	・立地 ・家賃相場 ・利便性 ・建物の仕様 ・想定される入居者の属性 ・金利、利回り、自己資金、家賃下落率、リフォームや修繕を含めた資金・返済計画 ・助成金制度 ・空室対策、入居者募集対策を含めた管理会社　の対応 など

収支のシミュレーションをしっかりと立てる
あらゆる比較検討資料を集め、信頼できる業者と取り組む

06 古い家はリフォームしておく

「自分が住むにはいまの家で十分だから、子どもが住むようになったら、子どもが相続したお金を使って自分でリフォームすればいい」

こんなことを思って、古い自宅をそのままに暮らしている方は多いと思います。確かに自分が手を加えるよりも、相続をしたあと、子どもが手を加えたほうが、子どもの好きなようにリフォームできるということも考えられます。

しかしながら古い家のリフォームは、みなさんが元気なうちにみなさん自身がしてあげたほうが節税につながります。

PART3で「お墓は生前に買ってください」という話をしましたが、その話と同じような理由で、家も生前にみなさんがリフォームをすれば、その分、相続財産を減らすことができるのです。

●使った分だけ相続税ではトクに

仮に1000万円のリフォームが必要な場合、みなさんがリフォームをすれば1000万円の相続財産を減らすことができます。

しかし、もし1000万円を預貯金で残してしまうと、子どもはその1000万円にかかる相続税を支払わなければなりません。そのため、1000万円を相続したとしても、1000万円分のリフォームはできなくなってしまいます。

●固定資産税の評価額は？

このような理由でリフォームすると、「建物の評価額が上がるのでは？」とも思います。

ところが、傷んだ建物の修繕の範囲であれば、建物の固定資産税評価額が上がることはありません。また、固定資産税評価額が上がったとしても、工事費の50％程度ですみますから、相続を考えるなら安心してみなさん自身の手でリフォームすることをおすすめします。

このリフォームは、いろいろな手法で活用できます。

たとえば、みなさんが有料老人ホームへの入居を考え、自宅をリフォームして賃貸に出す方法だと、小規模宅地等の特例による評価減は受けられなくても、貸家が建っている土地（貸家建付地といいます）としての評価減と家賃収入を得ることができます。

自宅をリフォームしたときの相続税の評価

Q

自宅をリフォームしたが、その自宅の固定資産税評価額が改訂されていない。このような自宅は、そのままの評価でよいか？

A

リフォームを行った場合は、固定資産税評価額が改訂されていなくても、相続財産としてあらためて評価することに

評価方法

リフォームに要した額から償却費を差し引き、その70%評価で計算する

↓

1000万円で自宅のリフォームをした場合の評価額は700万円以下となる
（実質的にはP78のとおり工事費の50%程度になることが多い）

これまでは

相続税では、リフォーム費用は財産として計上しなくとも、税務調査で指摘されることはなかった

↓

今後

これからは計上漏れそのものが問題となり、その計上漏れを指摘されるケースが出てくる可能性も！

07 いらない不動産は現金化する

「親から相続した、使っていない土地がある」「空室だらけの賃貸用の不動産がある」

もっていてもしかたがない不動産でも、もっていれば固定資産税が毎年かかり、子どもが相続をすることになれば、相続税がかかります。

いらない不動産を維持するために税金を支払うなんてもったいないこと。子どもにお金がなければ税金を払うこともできません。

●相続対策には順番がある

相続対策というと相続税対策を考えてしまいがちですが、実は、相続対策は次の順序でしなければならないといわれています。

①財産の分割の検討（いわゆる争族を起こさないように対策を立てる）
②納税資金対策（資金の準備）
③相続税対策（生前から節税する）

みなさんが亡くなったあと、子どもが困るのは、争いが起きるということと、②の払わなければならない相続税が支払えないことです。

たとえば預金1億円を子どもが相続したとき、相続税が仮に2000万円かかっても子どもは相続した預金でこれを支払うことができます。しかしながら、土地1億円を相続してしまうと、子どもは相続税2000万円を自分がもっている預貯金で支払わなければなりません。

これって、とても大変ですよね。

そこでみなさんは相続税対策で税金を減らすとともに、お子さんの納税資金についても考えてあげなければなりません。

●相続税が支払えないとき

ちなみに相続税は、現金で一括で支払うことが大原則です。これが無理だと認められる場合には、分割払い（これを「延納」といいます）ができ、何年かに分けて支払うことになりますが、この場合、子どもは金利を支払わなければなりません。

さらに分割払いもむずかしいと認められた場合には、不動産そのものなどで支払うこと（これを「物納」といいます）が認められていますが、これは一括でも分割でも支払えないと認められた場合だけです。

子どもに預貯金があれば物納はできず、預貯金がなくても相続税を支払える程度の収入があると、その収入で分割払いができると判断され、やはり物納は認められません。

そのような事態を避けるためにも不要な不動産を処分することが大切なのです。

不要な不動産への対処のしかた

□	1	まず、持っているだけでもお金がかかることを自覚しよう		・固定資産税や都市計画税がかかる ・空室のアパートであっても、持っていれば修繕費もかさむ	
□	2	相続対策の順番を踏まえて対処する	①財産の分割の検討で	不要な不動産を現金化 →	相続人で現金を分割できるかどうかを検討する
			②納税資金対策として	不要な不動産を現金化 →	相続税が発生した場合の納税資金に
			③相続税対策として	不要な不動産を現金化 →	売却によって損をしても、相続財産の総額を減らす

現金化できれば、相続で争いになる可能性が少ない

空室だらけのアパートなら、残る賃借人に立ち退き料を支払って立ち退いてもらうことも必要

できるだけ更地にして売却したほうが売りやすいケースが多い

COLUMN

相続税・贈与税改正のポイント④ 不動産にかかる相続税も変わる!?

「自宅の不動産しか相続財産がない」という人の場合、その不動産の評価額が高いと、子どもが相続税を支払うとき、その支払いのために自宅を売却しなければならなくなる。そこで、生活に必要な自宅を手放さなくてもいいように、土地の評価額を一定金額だけ減額する特例がある。これを、「小規模宅地等の特例」という。

これまで、この特例では面積240㎡までについて、80％の減額を受けることができたが、今後は面積の上限が330㎡まで引き上げられた。

ただし、この減額を受けられるのは、

①配偶者（妻または夫）

②亡くなった人と同居していた親族

③過去３年間持ち家に住んだことがない親族

のいずれかが自宅を相続した場合に限られる。

●早くはじめたものの勝ち！

「自分には相続税はかからないから相続対策なんていらない」「相続は自分の死後に子どもに考えてもらおう」「あと10年は生きるからもう少したってから考えはじめよう」

相続対策について、こんなことを思っていると、気がついたときには手遅れになってしまう。

相続対策は相続税がかかる人だけのものではない。配偶者や子どもなど、相続人に争いが起きないように事前に準備することも相続対策に含まれる。相続対策というのは財産を相続させる人全員にかかわる問題だから、相続対策がいらない人は一人もいないと考えるべきだ。

かつ相続対策は、一つひとつがそれなりの作業量を必要とする。誰にどの財産を相続させるかを考えるだけでもそれなりに時間がかかる。相続対策を万全に進めていくには、かなりの労力と時間を要する。

とくに「相続税対策」は、そのほとんどが、財産をもつ人が生きている間にしかできないので、亡くなったあとでは「もう遅い」となってしまう。

相続税対策は10年以上かけてコツコツと積み重ねていくような対策や、時間をかければかけるほど効果が出る対策もあり、一日でも早く対策をはじめる必要がある。

PART5

親の秘密で迷惑かけない

01 相続対策は親子そろって取り組む

ここまで、さまざまな相続対策を見てきましたが、相続対策をすすめるにあたって一番大切なのは、親子間の協力です。

みなさんだけががんばっても、実際に相続をするのは子どもですから、子どもがしなければならないこともたくさんあります。また、子どもだけががんばろうとしても、親であるみなさんの協力がなければ相続対策はできません。

ですから、相続対策に親子間の協力は不可欠なのです。

●デリケートな問題だからこそ

このときに大切なのは、親が子どもに対して秘密をつくらないということです。

相続問題は大きな金額の財産がからみますから、みなさんにとってもお子さんにとっても非常にデリケートな問題だと考えてください。

ですから、些細なことで親子間の関係がぎくしゃくしたり、もめごとに発展してしまったりしないよう、親としてみなさんの配慮が必要になります。

●兄弟が互いにびっくりすることも

まず、財産や借金をすべて子どもに伝えなければ、相続対策はすすみません。

もし、みなさんが伝えていない財産があると、ほかに内緒にしていた財産があるのではないか、と子どもは不信感を抱いてしまいます。

さらに、どのように遺産を分割するかについて話し合っているとき、実は二男の知らないところで長男に大きなお金を贈与していたなどということが発覚すると、兄弟間でのもめごとの火種になります。

また、あまりないことかもしれませんが、実は子どもの知らない養子や隠し子がいたとします。そうなると、法定相続人が子どものほかにもいたなどということになり、せっかく行った相続対策が水の泡です。

とくに最近では、離婚・再婚も多いようですから、あなたの子どもの知らないところに法定相続人がいて、相続が始まるころになって顔を出してくるというのもまったくない話ではありません。

ですから相続対策は、子どものことを信じて、子どもに自分のことを包み隠さず話をして、秘密をつくらないようにすることがなにより大切なのです。

ここに注意！　親子の相続トラブル例

トラブル1 **相続人が配偶者と嫁いだ娘姉のケース**

娘の夫が「結局、２次相続があるので、お義母さんの相続財産は少ないほうがいい」などと生半可な知恵を授け、こじれてしまう

↓

何が得策なのかは、本当のところはわからない

トラブル2 **相続人が配偶者と３人の息子兄弟のケース**

二男が跡取りとして家業を手伝った分を「寄与分」として求めてきた

↓

話し合いで協議がまとまらない場合には、家庭裁判所の調停や審判によるしかない

トラブル3 **相続人が子どものみのケース**

長女が親の生前から同居していたとき、親が亡くなったあと、分割協議が終わるまで無償でその家に住み続けて、他の兄弟姉妹から文句が出てきた

↓

原則的には分割協議が終わるまでは共有財産だが、無償で住んでもよいという判例もある

たくさんのトラブルのケースが考えられるので、親子そろってすみやかに対応する

02

へそくりの口座は子どもに教える

「休眠口座」という言葉を聞いたことがありますか？　実はこれ、何年もまったく取引のされていない（入金も出金もない）銀行口座のことです。子どものときに使っていた通帳、働きはじめたときにつくった通帳など、もしかしたら、みなさんにも心あたりがあるかもしれませんね。

法律では5年間（信用金庫は10年間）取引がないと時効が成立し、銀行は払い戻しをしなくてもよい（つまり、銀行がもらっていい）ことになっています。

実際には時効を理由に銀行が払い戻しをしないということはないのですが、金融機関の決算では払い戻しの可能性が低い休眠口座について、毎年合計で1000億円規模の利益が計上されているといわれています。

東日本大震災のときに復興の財源として休眠口座に眠っているお金を使おうという話題が出たくらい休眠口座に貯まっているお金は多く、なんと1年間に1300万口座ずつ増えているとのこと。ほとんどが少額で忘れられていたりしたものですが、多額の預金口座も存在しています。

●へそくり口座を黙ったままだと

みなさんには、家族に内緒で貯めているへそくり口座はありませんか。もし、それを死ぬまで黙っていたらどうなるでしょう？

子どもはその口座の存在を知らないのですから、きっとそのまま放置され、名義変更もされず、休眠口座になってしまい、最後は銀行に取られてしまうことでしょう。親族が知らなかった預金口座を税務調査で発見され、申告漏れを指摘されるケースもあります。

申告漏れを指摘されたら、子どもは追加で相続税を支払わなければならなくなりますが、税務署に預金を見つけてもらえたのですから、むしろ喜ばしいことかもしれません。

実は、このようなケースはまれで、みなさんのへそくり口座は誰も見つけることができず、結局、銀行に取られてしまうことがほとんどです。

もう一つ、休眠口座の発生原因で多いのが、親が勝手に子ども名義の口座をつくっていた場合です。子どもが口座の存在を知らないまま口座が眠ってしまうわけです。せっかく子ども名義でお金を貯めたのに、そのまま銀行に取られてしまっては もったいないですよね。

残された家族が財産を探すのは本当に大変ですから、子どもにすべての財産を伝えるようにしましょう。

休眠口座の法的な扱いは？

銀行の預金では5年
↓
商法 522 条

信用金庫などは 10 年
↓
民法 167 条 1 項

実務上は、金融機関は休眠口座でも預金者の請求があれば窓口で払い戻しに応じている

払い戻しに応じる期間
→10 年程度が多い

管理コストがかかることから、管理手数料を徴収するところもある

どんなケースが多いのか？

・ATMやCDで引き出せない残高が1000円未満の使わなくなった預金口座
・金融機関の合併や支店の統廃合で使わなくなった預金口座
・学生時代や結婚前に使っていたものの、その後は利用しなくなった預金口座
・親が子ども名義でつくっていた預金口座
・親族がその金融機関に勤め出した都合などで、義理で頼まれてつくった預金口座
・通帳や印鑑、キャッシュカードなどを紛失し、手続きが面倒でずっと放置していた預金口座
・本人がすでに亡くなっていて、相続でも未発見のままの預金口座

口座の“在り処”をきちんと、子どもに伝えておこう！

03

株は上がったタイミングで渡す

家族に黙って株をやっている、という人は意外と多いものです。一般的に男性は株が好きで、女性は株が嫌いといわれます。そのせいか、奥さんに黙ってご主人が株をやっているというのは実はよく聞く話です。

株（ここでは証券会社で買うような上場会社の株式のことをいいます）は、相続すれば相続財産となります。

●株の評価方法は四つある

では、株の評価額は相続税の計算ではいくらになるでしょうか。

財産の評価は基本的には亡くなった日の評価額とされていますから、株の評価も亡くなった日の値段じゃないか？　と思うかもしれません。

ところが、実は株の評価だけは、次の四つの評価方法が定められています。

①相続のあった日の終値
②相続のあった月の終値の平均値
③相続のあった月の前月の終値の平均値
④相続のあった月の前々月の終値の平均値

株だけはこの四つのなかで一番低い額を評価額とすることができるという、うれしい取り扱いになっています。

●贈与でも、タイミングが鍵

株を贈与する場合の評価額も、相続税の評価と同じく、先の「相続」を「贈与」と読み替え、過去の評価額を使って、おトクな贈与をすることができます。

たとえば、2か月前に100万円で買った株が急に値上がりして、2か月後に500万円になったとします。このように、株価が急上昇したときが贈与のチャンスです。

なぜなら、500万円の時価になった株式を贈与した場合、この財産の評価額は2か月前の100万円、つまり、贈与税の計算上は100万円の株を贈与したという取り扱いになります。110万円以下であることになり、贈与税がかからないのです。

2か月で株価が突然5倍になるなんていうことはあまりないかもしれませんが、絶対にない話でもありません。

そこで、株をもっている人は値上がりしたタイミングで贈与するとおトクであるということを頭に入れておきつつ、家族に黙って株で儲けていたならば、これもへそくり同様、最後はきちんと家族に伝え、賢い相続をしてください。

上場株式に適用される評価の方法

株が急上昇したら

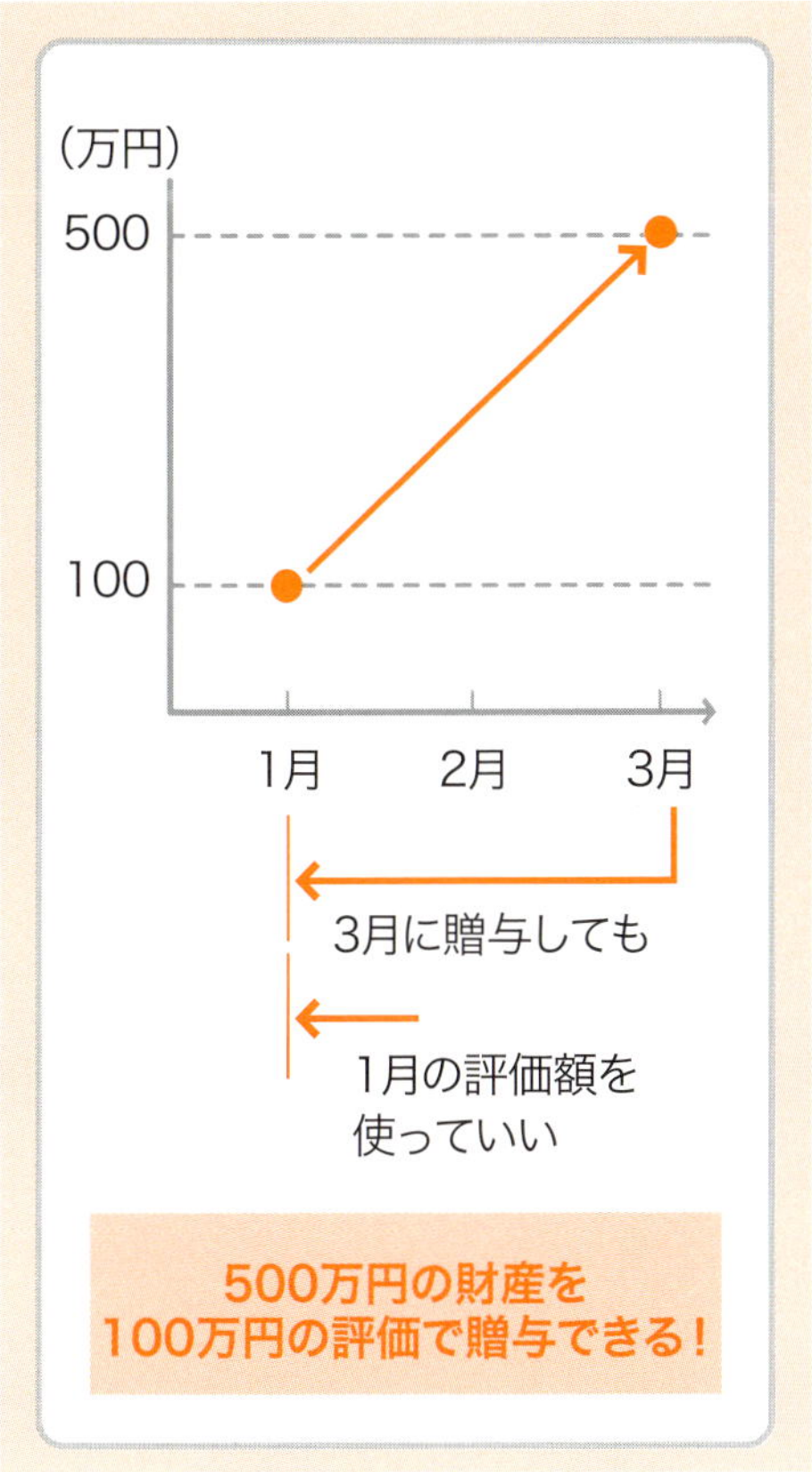

原則、相続の場合は被相続人が亡くなった日(贈与の場合は贈与により財産を取得した日)の最終価格によって評価

ただし、課税時期の最終価格が、次の3つの価額のうち最も低い価額を下回る場合は、その最も低い価額により評価してもよい

- □ 相続のあった月の終値の平均値
- □ 相続のあった月の前月の終値の平均値
- □ 相続のあった月の前々月の終値の平均値

ただし、贈与のタイミングをはかるのは、株価だけになかなかむずかしい

04 保証人の立場ならどうする？

「絶対に保証人にはなるな！」

子どもにはこんなふうに偉そうに話しているみなさんも、友人が事業をはじめるときに借入れの連帯保証を頼まれて……と、連帯保証人になっていることがあるかもしれません。

もちろん、大切な友人のことを「あいつなら大丈夫」と思って保証人になるのは、決して悪いことではありません。しかし、その友人の事業が今後もずっと安泰だという保証はどこにもありません。

ところで、友人の借金の連帯保証をしていることを、お子さんはご存じでしょうか？　自分が連帯保証をしているだけだから伝える必要はない、と思っているかもしれませんね。

でも、それは大間違いです。

●子どもは保証人の立場も相続する

相続では、保証人としての地位は相続人に引き継がれます。ですから、みなさんが友人の連帯保証人になったまま亡くなった場合、その連帯保証はそのまま相続する子どもたちに引き継がれることになります。

いくら自分が信用している友人でも、自分の子どもが自分の死後、その友人の借金を保証するというのは、ちょっと筋が違いますよね？

子どもの側からすると、もし連帯保証のことを知らなければ、「突然、身に覚えのない借金の督促状が届いた」という印象になると思います。

そこで相続の準備をはじめるときは、いつ自分の身に何が起きてもよいように、連帯保証を外してもらうよう友人に話をしておきます。

このとき、万が一、連帯保証をやめられない場合には、連帯保証を子どもに相続させる＝借金を負うリスクを子どもに相続させる、という意識をもつことが大切です。

●相続の方法も検討する

相続では、単純承認、限定承認、相続放棄の三つのパターンを選択できます。みなさんが保証人になっているなら、相続をする子どもがどのパターンを選択するか、決めさせなければなりません。

連帯保証の金額によっては、将来のリスクを考えると限定承認や相続放棄をすすめたほうがよいこともあるでしょう。

先述したとおり、選択できる期間はあなたが他界したあと3か月以内ですから、必ずみなさんが元気なうちに、子どもには連帯保証をしていることと、その金額を伝えておくようにしましょう。

各種の保証と相続の考え方

□ 1. 一般の保証、連帯保証	・相続され、相続人に債務の弁済義務が生じる可能性がある ・複数の相続人がいる場合は、法定相続分に応じて分割される ・相続された連帯保証も同じ。ただし、分割されるのは連帯保証なので、主たる債務者の弁済能力にかかわらず、債権者から弁済を求められることもある
□ 2. 学生や就職先などの身元保証	・原則として相続の対象にはならない ・被相続人が亡くなる前に保証した相手が就職先に損害を与えたような場合には、その損害の賠償を相続するケースがある
□ 3. アパートなどの賃借の保証	・原則として相続の対象になる ・何回かの契約更新のあとの保証も相続されると考える
□ 4. 根保証	・現在は主たる債務者や根保証人が亡くなったら、以後の債務は保証の対象外となる ・相続では、相続の開始時点までに発生している債務は保証する義務がある
□ 5. 相続税の債務控除は？	・原則として保証債務については控除しない。ただし、主たる債務者が弁済不能で、保証債務者がその債務を履行しなければならない場合で、かつ、主たる債務者に求償して返還を受ける見込みがない場合には、主たる債務者が弁済不能の部分の金額は、その保証債務者の債務として控除する

05 熟年結婚の前に相続のことを考える

実はいま、「もう一度結婚しようかな」と思っていませんか？　最近は熟年結婚や熟年離婚が当たり前の世の中になりましたね。

ちなみに相続の観点からいうと、熟年離婚は、離婚した相手が自分の財産を相続する権利がなくなるだけのことです。離婚しても子どもは子どものままで変わらず、子どもに相続をさせれば、それほど大きな問題はありません。

これに対して、熟年結婚は、新たに相続人が一人増えることになりますから、子どもからしてみると大問題です。

みなさんの配偶者が他界したあと、こっそり再婚したとしましょう。あなたの子どもは二人いるとします。

みなさんが再婚しなければ、財産は子ども二人が半分ずつ相続する権利がありますが、もしみなさんが再婚をすると、新たな配偶者が2分の1の相続の権利をもつことになり、子ども二人は財産の4分の1ずつしか権利がないことになります。

こんなとき、せっかくの相手なのに、子どもたちから、「あの人は財産目当てに結婚したに違いない」などといわれたらショックですよね。

こうしたケースでは、みなさんが「相続は放棄させるから、結婚させてほしい」などといったとしても、放棄するのはみなさんが亡くなったあとのことですから、子どもの気持ちは変わらないかもしれません。

また「遺言書に財産は子ども二人に相続させると書くから」といっても、新しい配偶者には財産の4分の1の遺留分がありますから、やはり状況は同じかもしれません。

●遺留分の放棄という対応もある

そんなときは新しい配偶者にひとまず許しをもらい、遺留分を主張しないことを約束してもらう手続き（これを「遺留分の放棄」といいます）をとってもらうのが一つの手かもしれません。

この手続きは家庭裁判所に申し立てをして許可を得ることが必要になります。みずからそのような手続きを踏むことで、「財産だけを目当てに結婚するわけではない」ことが明らかになれば、子どもも少しは安心するかもしれません。

こうして子どもをひとまず安心させたら、そのうえで（遺留分の放棄は相続放棄ではないので）、新しい配偶者には別途、財産を残すことを遺言書に書いたり、生命保険に入ってお金を残したりすれば、大きなトラブルを避けられるかもしれません。

熟年結婚、その前に考えておきたいこと

□ 相続人が1人増えることになる	例）1億円の相続財産を相続するとき 子ども2人が相続するとき → 法定相続分は5000万円ずつ 熟年結婚により、配偶者として相続人が加わると… → 法定相続分は？ 配偶者5000万円 子ども2人はそれぞれ2500万円ずつ

「財産は子どもに相続させる」と遺言書に書いても……？

↓

4分の1（例のケースでは2500万円）の遺留分がある。無意味とは言わないが、子どもたちが再婚に否定的な場合、説得材料にはならないケースもある

□ 遺留分の放棄	・家庭裁判所に申し立て、許可を得る ・申立人は遺留分を持つ相続人自身 （ここでは再婚する相手） ・申し立ての時期は相続開始前 （被相続人＝あなたの生存中） ・必要な費用は800円分の収入印紙など ・申立書のほかあなたの戸籍謄本（全部事項証明書）や申立人の戸籍謄本（全部事項証明書）などが必要

遺留分の放棄は相続放棄ではないので、別途、財産を残すことを遺言書によって示すことも可能

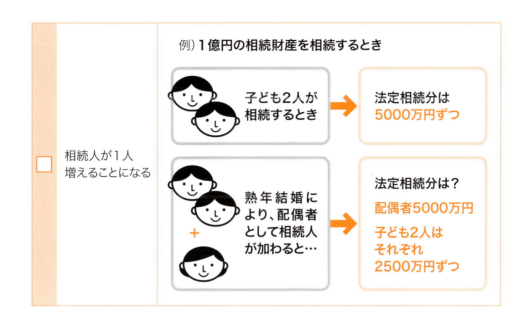

06

愛人・隠し子への対応方法は？

「家族には黙っていたけど、実は自分には愛人がいる」「愛人との間に子どもがいる」

そんな方もいらっしゃるかもしれません。子どもの立場からすると、相続の段階で、突然、愛人や愛人との間の子どもが出てきたら、大混乱するはずですよね。

「私にもあなたのお父さん（お母さん）の財産を相続する権利がある」と、愛人やその子どもが自分の家族に迫る姿を天国から眺める自分を想像してみてください。絶対に避けたいですよね。

実は、みなさんに愛人がいたとしても、愛人の場合、みなさんと婚姻関係がないため、法律上は相続人にはなれません。ですから、いくら権利を主張しても相続はできません。

でも、それは法律上の話。ここはきちんと配慮したいところです。

もしも愛人に財産を残したいなら、やはり遺言書に書いておくのが一つの手になりますが、愛人の名前を遺言に出すというのも、あまり……という気持ちもわかります。

そうであるなら、事前に贈与などを行い、少なくとも財産についてはご自分が生きている間に清算をしておくことをおすすめします。

また、相続とは関係のない形でお金を残すという意味では、生命保険の受取人にするというのも一つの方法です。愛人でも生命保険の受取人になることはできます。

生命保険金を受け取る権利は法律上、受取人がもつ固有の権利として相続財産には含まれませんから、法定相続人でない愛人でも、生命保険の受取人になれば、受け取ることができるわけです。

●愛人との間の子は別問題

一方、愛人との間に子どもがいる場合、認知をしていなければ立場は愛人と同じです。法律上は財産を相続する権利はないので、生活に困らないようになどの配慮のうえで財産を残したいなら事前準備が必要です。

一方、認知をしている場合は、親子関係が認められるため、法律上、相続人になります。

この場合には夫婦間に生まれた子どもと同様の法定相続分が認められ、財産を相続する権利をもつことになります。

こうしたケースでは、それぞれの子どもに事前によく話をして対策をしておかないと、自分の家族と愛人や愛人との子どもが相続争いをするという、ドラマに出てきそうな修羅場になりかねません。

いろいろな人間関係と相続

□ 1. 愛人	婚姻関係がないため、法律上の相続人ではない
□ 2. 愛人の子ども	愛人との間に生まれた子どもは、認知していれば、配偶者の子どもと同様、第1順位の相続権がある
□ 3. 愛人を養子縁組した場合	配偶者が「やめてほしい」場合は、その事実を知ってから(養子縁組した日ではなく、あくまでその事実を知った日)半年以内であれば養子縁組の取り消しを請求できる
□ 4. 内縁関係	基本的に相続権はない
□ 5. 特別縁故者	基本的には相続権はないが、被相続人に身寄りがなく他に相続人がいない場合は、家庭裁判所に申立てを行うことによって相続権が認められる場合がある。内縁関係のパートナーが特別縁故者として相続の申立てをすることも可能

自分の秘密を貫き通したいなら、自分がいなくなったあとのことも考えて、清算方法を考えておく

COLUMN

相続税・贈与税の改正ポイント⑤ そのほかの改正を見る

相続税・贈与税の改正に関して、このコラムで取り上げていない主な項目を挙げておこう。

●相続税の改正

①小規模宅地等の評価減の重複適用

特定居住用宅地等にかかる特例の適用対象面積が240㎡から330㎡に拡充されたが、あわせて、特定事業用宅地等と特定居住用宅地等と呼ばれる土地に対する評価減の重複適用が可能になった。これにより、小規模宅地等として特定事業用宅地等（400㎡）と特定居住用宅地等（330㎡）のあわせて770㎡で、小規模宅地等の評価減の適用が受けられることになった。

②未成年者控除と障害者控除の改正

昨年発生した相続までは、未成年者について20歳までの1年につき６万円だった控除が、10万円に拡大された。同様に障害者控除も、85歳までの1年につき６万円の控除額が10万円に拡大された。

なお、特定障害者については、85歳までの1年につき12万円の控除額が20万円に拡大された。

●贈与税の改正

①「税」の構造の改正

贈与税には暦年課税と相続時精算課税の２つの制度があるが、このうち暦年課税については「20歳以上の子や孫が父母や祖父母（直系尊属）から受けた贈与」と「それ以外の贈与」に分けられ、贈与額による区分と税率が改正された。

贈与額による区分はとくに高額の贈与で細分化され、「20歳以上の子や孫が父母や祖父母（直系尊属）から受けた贈与」にかかる贈与税は、１年間の贈与額が300万円超3000万円以下の場合は減税となる。また、「それ以外の贈与」にかかる贈与税については、１年間の贈与額が1000万円超1500万円以下の場合は減税となる。

②相続時精算課税制度の適用要件の改正

相続時精算課税制度では、贈与を受ける人の範囲に20歳以上の孫が追加され、贈与する人の年齢が「65歳以上」から「60歳以上」に引き下げられた。

PART6

相続税申告までのスケジュール

相続税の申告までのスケジュールは？

01

さて、PART6は、みなさんが天国から子どもの相続手続きを見守るページです。みなさんは、相続の手続きに何も手出しすることはできません。しかし、親子一緒になって取り組んできたみなさんは、きっと安心して見守れるはずです。

●相続税の前に所得税の申告がある

まず、みなさんが亡くなったあと、相続税の申告手続きまでのスケジュールは左図のようになります。順を追って見ていきましょう

①死亡届の提出

死亡届を本籍地やこれまでの住所地の市区町村に提出します。期限は亡くなってから7日以内です。

②遺言書の有無や内容の確認

先に述べたとおり、遺言書によっては裁判所の検認が必要になるケースがあります。

③相続財産の確認

相続人が誰かを確認するとともに、相続財産がどのくらいあるかなどを確認します。

④相続の放棄や限定承認

相続の放棄や限定承認がある場合には、家庭裁判所に申述します。これはみなさんが亡くなってから3か月以内と決まっていますので、この①～④の手続きを3か月以内に行います。

⑤所得税の申告と納付

その年、みなさんが亡くなった日までに所得があれば所得税を計算し、申告・納付します。

これを準確定申告と呼び、提出期限はみなさんが亡くなった日の翌日から4か月以内です。

⑥遺産分割の相談

事実上、準確定申告期限あたりから相続税申告の10か月までが、遺産分割の話し合いの期間です。遺言書どおりでも法定相続分と決めても、実際の相続財産の確認や納税する場合の資金確保、みなさんの配偶者が他界する二次相続、子どもが未成年の場合など、相談したり協議したりすることはたくさんあります。

その結果を遺産分割協議書としてまとめます。

⑦相続税の申告書の作成

申告書の作成は税理士さんに頼む人が多いでしょう。とくに税務調査があることも意識し、ミスや漏れのないように作成することが大切です。

これで、みなさんの最後の住所地の税務署に申告書を提出し、現金で一括して税金を納めます。そして、このあとに、相続財産のうち必要に応じて遺産分割協議書にもとづいて名義の変更などを行います。

相続税申告までのスケジュールと留意点

期限	手続き
相続の開始 / 3か月以内 / 4か月以内 / 10か月以内	□ 被相続人の死亡→死亡届の提出(7日以内) □ 葬儀→葬式費用の領収書の整理・保管 □ 四十九日の法要 □ 遺言書の有無の確認→家庭裁判所の検認・開封 □ 遺産・債務・生前贈与の概要と相続税の概算額の把握 □ 遺産分割協議の準備 →未成年者の特別代理人の選定準備(家庭裁判所へ)
3か月以内 / 4か月以内 / 10か月以内	□ 相続の放棄または限定承認→家庭裁判所へ申述 □ 相続人の確認
4か月以内 / 10か月以内	□ 被相続人に係る所得税の申告・納付(準確定申告) →被相続人の死亡した日までの所得税を申告・納付する □ 被相続人に係る消費税・地方消費税の申告・納付 →被相続人の死亡した日までの消費税・地方消費税を申告・納付する
10か月以内	□ 遺産の調査、評価・鑑定 □ 遺産分割の相談、遺産分割協議書の作成 □ 各相続人が取得する財産の把握 □ 未分割財産の把握 □ 相続税の申告書の作成 □ 納税資金の検討 □ 相続税の申告・納付 →被相続人の最後の住所地の税務署に申告する
	□ 遺産の名義変更手続き

相続税の計算と申告のしかた

実際の相続税の計算法は、どのような財産か、どんな特例を適用するか、控除はどの段階でなされるのか、などを加味する必要もあり、実はとてもやっかいです。

ウェブページでは「あなたの相続税を計算します」といったサイトもいくつかあり、数字を記入しただけで税額を計算してくれます。しかし、それは、あくまで特定の条件をもとにした概算で、本来の税額計算とは異なります。

実際に多くの人が税理士さんに依頼しているのですから、細かな計算は税理士さんの援助を受けてすすめたほうがよいでしょう。

02

●知っておきたい計算の筋道

相続税額の計算は、おおむね次のような順序で行うことを理解しておきましょう。

①各人の課税価格を計算する

まず、相続で財産を取得した人ごとに、課税価格を計算します。

②相続税の総額を計算する

前記①の各人の課税価格を合計し、課税価格の合計額から基礎控除額を差し引いて課税される財産の総額を計算します。その財産の総額を、それぞれの法定相続人が法定相続分どおりに取得したものとして、それぞれの法定相続人の取得金額を計算します。

そして、この法定相続人ごとの取得金額に税率を掛けて相続税の総額のもととなる税額を算出します。すると、法定相続人ごとの算出税額が計算でき、それを合計すれば相続税の総額が計算できます。

③各人ごとの相続税額を計算する

前記②の相続税の総額を、財産を取得した人の課税価格に応じて割り振れば、財産を取得した人ごとの税額が計算できます。

④各人の納付税額を計算する

前記③で計算したそれぞれの相続人等の税額からいくつかの税額控除額を差し引くと、その残りの額が各人の納付税額になります。

この税額控除を差し引く前に、相続税額の2割加算をするケースもあります。それぞれの控除は、その順序も決まっていますので、専門家に相談することをおすすめします。

●申告書はどう書くの？

申告書の一例を103ページの図に示しておきます。

通常、税務署に「申告書がほしい」と頼むと、第1表から第15表までセットで入手できます。相続税の申告書は枚数が多いのが特徴です。

相続税の申告の要否判定

1 法定相続人の数と基礎控除額を確認しよう

①配偶者はいますか？
（いる場合は「1」をカウント） □人

②子どもはいますか？ はい → □人
いいえ ↓

③父母はいますか？
（養父母も含む） はい → □人
いいえ ↓

④兄弟姉妹はいますか？ はい → □人
いいえ →

①〜④の合計人数
＝法定相続人の数
□人

⑴基礎控除の額は？
3000万円
＋（600万円×法定相続人の数）
□円

※子どもがいる場合の③と④、子どもがいなくて父母がいる場合の④は法定相続人にカウントしません。

2 相続財産と債務などを確認しよう

①不動産、株、預貯金などをはじめ、
お金で見積もれる財産額は？ □万円

②亡くなった際の生命保険や退職金は？ □万円

③被相続人から生前3か月以内に贈与
された財産は？ □万円

④借入金などの債務は？ □万円

⑤葬式などの費用は？ □万円

⑵課税財産の
合計額は？
①＋②＋③−④−⑤＝
□万円

3 申告が必要かどうかを計算してみよう

⑶がプラスになったら、
申告が必要になる！

上記⑵ 課税価格の合計額 □万円 − 上記⑴ 基礎控除額 □万円 ＝⑶ □万円

※実際には、小規模宅地等の特例や配偶者の税額軽減措置、生命保険の非課税枠などの適用によって、
申告が必要でも税額は発生しないケースがあります

03

贈与のやり方で扱いが異なる贈与税①

贈与税の申告のしかたは、通常の贈与（暦年課税の贈与といいます）と、相続時精算課税の適用を受ける場合の贈与の二つに大別できます。

まず、暦年課税ですが、これはみなさんも元気な頃に贈与する側として、また贈与された側として経験している人もいるはずです。ここでおさらいしておきましょう。

●申告書の提出期限と提出先は？

通常の贈与は、その年の年初から年末までの1年間に贈与を受けた財産の合計額から１１０万円の基礎控除を差し引き、課税される額に該当する税額を、贈与を受けた人が納めます。もし、複数の人から贈与を受けたり、同じ人から何回も贈与を受けたりした場合、それをすべて合計して贈与額や税額を計算します。

申告は贈与を受けた年の翌年2月1日から3月15日です。申告書は、贈与を受けた人の住所地の所轄の税務署に提出します。

また、納税は郵便局や銀行など最寄りの金融機関で申告の期間内に現金で納付します。もちろん、申告書を提出した税務署で納めることもできます。

左ページ下図のように申告書の用紙は相続税ほど複雑ではありません。通常の贈与だけならば、申告書のほかに添付する書類はとくになく、申告書には次のような内容を記入します。

- **贈与を受けた人、すなわち申告する人の住所、氏名、電話番号、生年月日、職業など**
- **課税される財産、すなわち贈与によって取得した財産について、所得年月日、贈与してくれた人の氏名と続柄、取得した財産の明細**
- **納税額**

なお、贈与によって取得した財産の明細については、種類や数量、単価などを記入するのに手間がかかったり計算間違いがあったりするかもしれませんので注意しましょう。

ちなみに、贈与税では配偶者控除があります。結婚して20年以上の夫婦で自宅の贈与があった場合に、贈与した金額から２０００万円（１１０万円の基礎控除とあわせて２１１０万円）を控除する制度です。また、直系尊属から住宅取得等資金の贈与を受けたとき、省エネルギー性・耐震性を備えた良質な住宅用家屋の場合は最大１０００万円までを非課税とする住宅所得資金の非課税の制度もあります。

知っておきたい申告書の記載ポイント

相続税

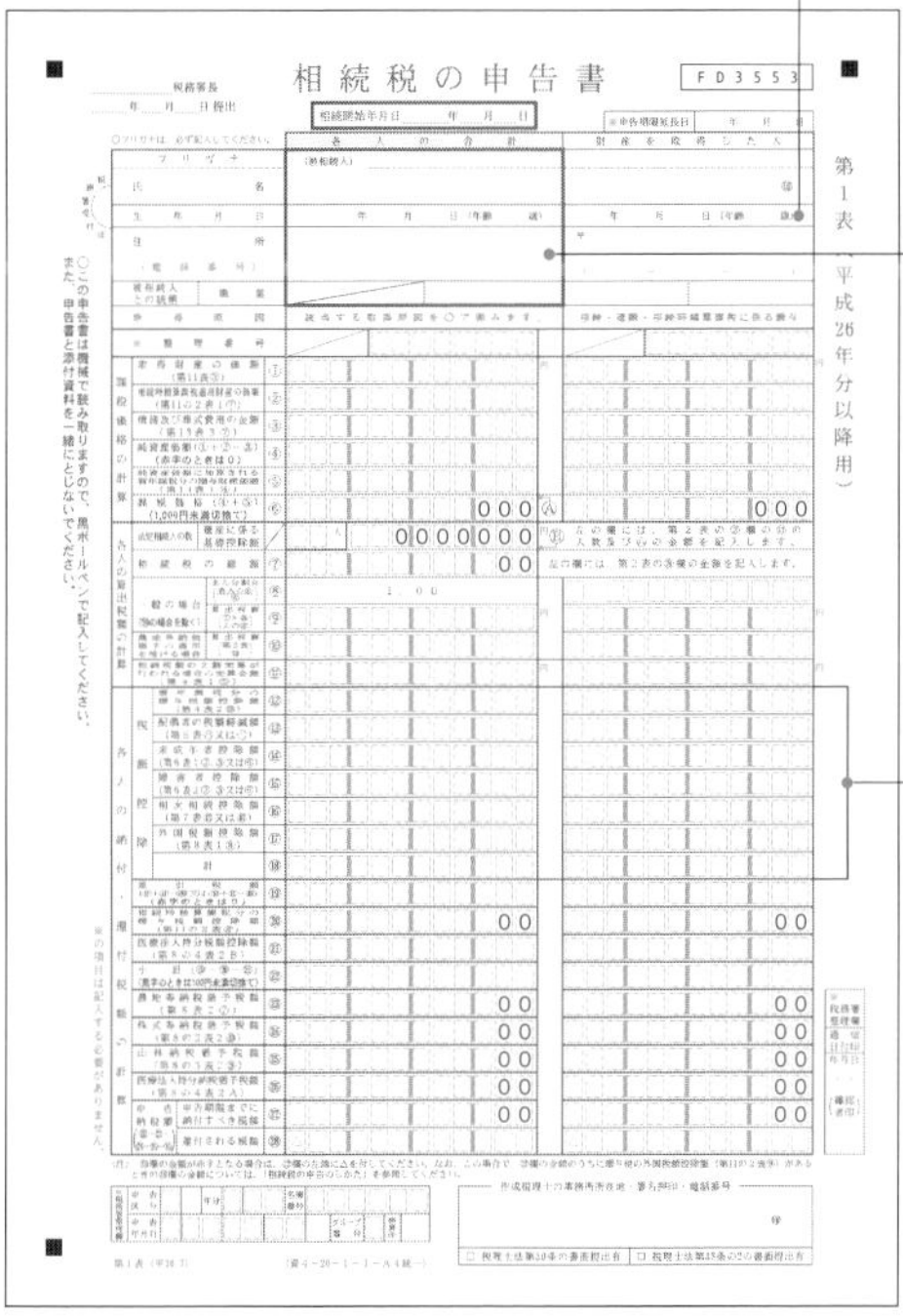
相続税の申告書
FD3553

申告時ではなく、相続開始の日の年齢を記入

申告時ではなく、相続開始の日に就いていた職業や役職を記入

⑫～⑱欄は、それぞれ所定の明細書などで計算して、その数字を書き写す。なお、⑫～⑰の税額控除のうち、先順位の税額控除を行い、控除後の税額が0や赤字になった場合は、後順位の税額控除をせずに、⑲欄の税額は0となる

1平方メートルあたり、1株あたりなど、贈与を受けた財産の1単位あたりの額を記入（固定資産税評価額をもとに評価する不動産については記入しない）

面積、株数などを記入

贈与税

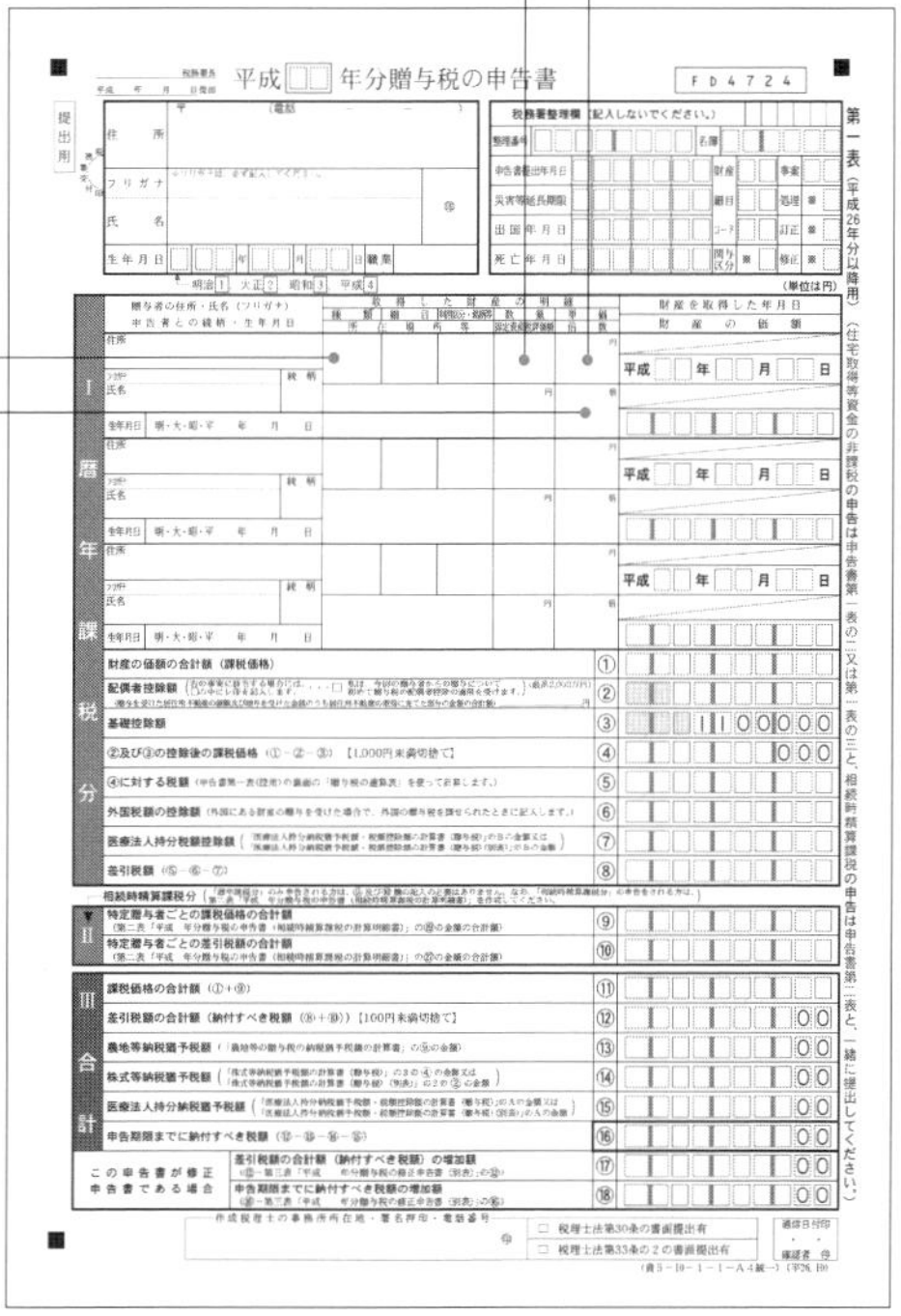
平成□□年分贈与税の申告書
FD4724
第一表
(単位は円)

各財産の所在場所等を記入
次の①～⑥の財産については、それぞれ次の事項を記入する
①売掛金
　相手の住所や所在地、氏名や名称
②船舶・自動車
　登録機関の名称と登録番号
③有価証券
　発行法人の所在地と名称
④預貯金等
　預金、貯金、金銭信託については、預入先の店舗などの所在地と名称
⑤生命保険金
　保険会社の所在地と名称
⑥その他の債権
　債務者の住所や所在地、氏名や名称

固定資産税評価額をもとに評価する土地と家屋について、固定資産税評価額に掛ける一定の倍率を記入

贈与のやり方で扱いが異なる贈与税②

04

実は贈与税には、通常の贈与とは別に相続時精算課税という制度があります。

相続時精算課税とは贈与をした人ごとに贈与を受けた人が選択できる制度で、贈与する人は60歳以上の親や祖父母、贈与を受ける人は20歳以上の子どもや20歳以上の孫です。

贈与された財産の額から総額で2500万円が控除（特別控除額といいます）され、贈与税率は、特別控除額を超えた額について一律20%となっています。

いわば、相続時まで贈与の税金を繰り延べする制度ですが、この制度を適用した場合の税金の扱いについて触れておきましょう。

●贈与税と相続税の計算は？

相続時精算課税の適用を受ける贈与財産については、その適用を選択した年以降、相続時精算課税が適用される人からの贈与と別の人からの贈与を分け、それぞれ1年間に贈与を受けた財産の価額の合計額をもとに贈与税額を計算します。

なお、別の人から贈与を受けた財産については、通常の贈与の基礎控除額110万円を控除し、贈与税の税率を使って税額を計算します。

一方、相続時精算課税の贈与税額を計算する際には通常の贈与の基礎控除は適用できず、贈与を受けた財産が110万円以下であっても贈与税の申告だけはします。

相続時精算課税を選択した贈与する人が亡くなったときの相続税額は、まず、それまでに贈与を受けた相続時精算課税の適用を受ける贈与財産の額と、相続によって取得した財産の額を合計した金額をもとに計算した相続税額を計算します。その税額から、すでに納めた相続時精算課税の贈与税額を控除して算出します。

その際、相続税額から控除しきれない相続時精算課税の贈与税額については、相続税の申告をすることによって還付が受けられます。

なお、相続財産と合算する贈与財産の価額は、贈与したときの額です。

●適用を受ける場合は届出が必要

相続時精算課税を選択しようとする子どもや孫は、選択する最初の贈与を受けた年の翌年2月1日から3月15日までに、納税地の所轄税務署に「相続時精算課税選択届出書」(左図) を提出します。

いったん選択すると、選択した年以降、贈与する人が亡くなるまで継続して適用され、通常の贈与の課税に変更することはできません。

相続時精算課税選択届出書の記載ポイント

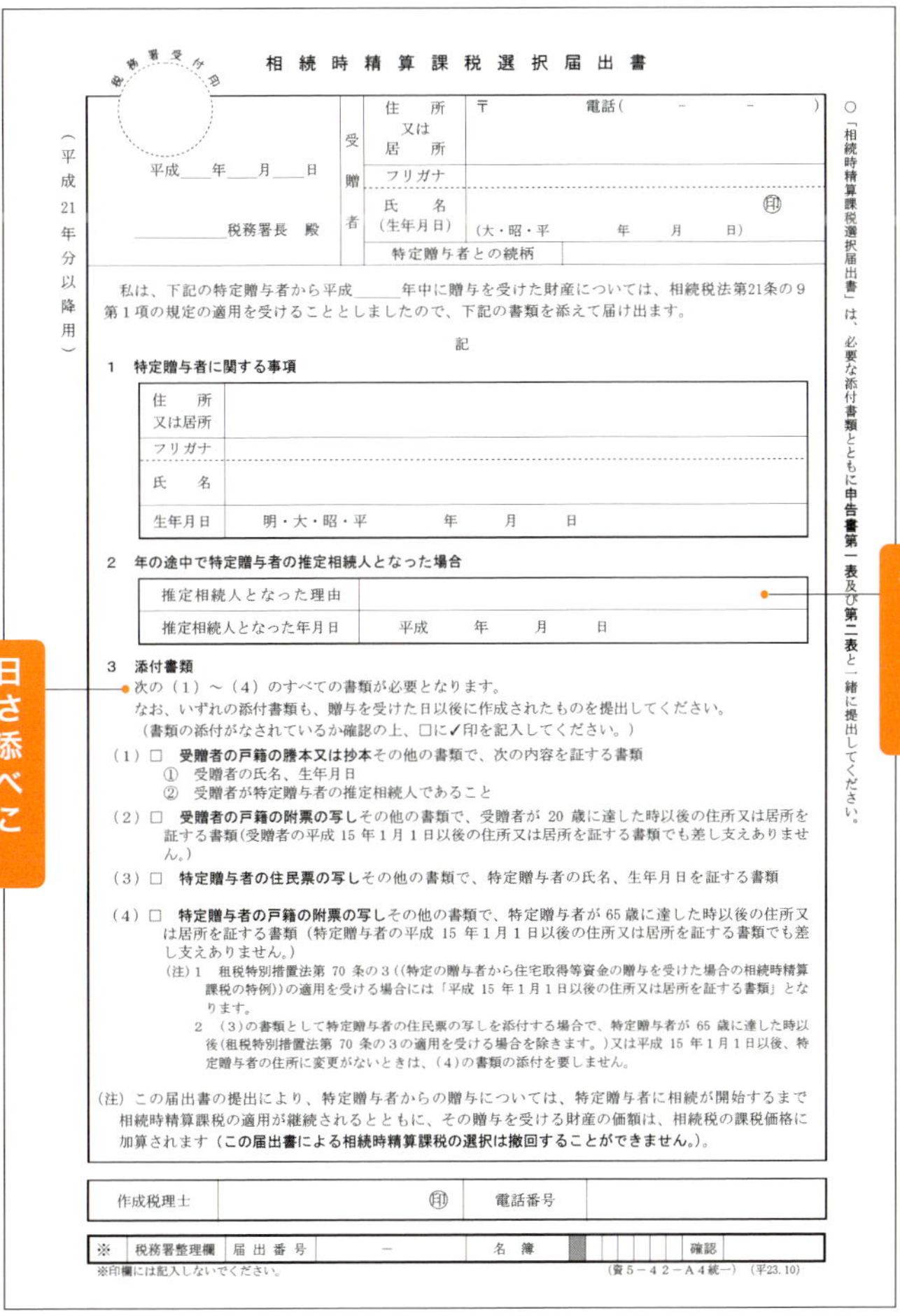

税務署受付印

相続時精算課税選択届出書

（平成21年分以降用）

平成＿＿年＿＿月＿＿日

＿＿＿＿＿＿税務署長　殿

受贈者		
	住　所 又は 居　所	〒　　　電話（　　－　　－　　）
	フリガナ	
	氏　名（生年月日）	㊞ （大・昭・平　　年　　月　　日）
	特定贈与者との続柄	

私は、下記の特定贈与者から平成＿＿＿年中に贈与を受けた財産については、相続税法第21条の９第１項の規定の適用を受けることとしましたので、下記の書類を添えて届け出ます。

記

1　特定贈与者に関する事項

住　所 又は居所	
フリガナ	
氏　名	
生年月日	明・大・昭・平　　年　　月　　日

2　年の途中で特定贈与者の推定相続人となった場合

推定相続人となった理由	
推定相続人となった年月日	平成　　年　　月　　日

3　添付書類

次の（1）～（4）のすべての書類が必要となります。
なお、いずれの添付書類も、贈与を受けた日以後に作成されたものを提出してください。
（書類の添付がなされているか確認の上、□に✓印を記入してください。）

（1）□　**受贈者の戸籍の謄本又は抄本**その他の書類で、次の内容を証する書類
　①　受贈者の氏名、生年月日
　②　受贈者が特定贈与者の推定相続人であること

（2）□　**受贈者の戸籍の附票の写し**その他の書類で、受贈者が 20 歳に達した時以後の住所又は居所を証する書類（受贈者の平成 15 年１月１日以後の住所又は居所を証する書類でも差し支えありません。）

（3）□　**特定贈与者の住民票の写し**その他の書類で、特定贈与者の氏名、生年月日を証する書類

（4）□　**特定贈与者の戸籍の附票の写し**その他の書類で、特定贈与者が 65 歳に達した時以後の住所又は居所を証する書類（特定贈与者の平成 15 年１月１日以後の住所又は居所を証する書類でも差し支えありません。）

（注）1　租税特別措置法第 70 条の３（(特定の贈与者から住宅取得等資金の贈与を受けた場合の相続時精算課税の特例)）の適用を受ける場合には「平成 15 年１月１日以後の住所又は居所を証する書類」となります。

2　（3）の書類として特定贈与者の住民票の写しを添付する場合で、特定贈与者が 65 歳に達した時以後（租税特別措置法第 70 条の３の適用を受ける場合を除きます。）又は平成 15 年１月１日以後、特定贈与者の住所に変更がないときは、（4）の書類の添付を要しません。

（注）この届出書の提出により、特定贈与者からの贈与については、特定贈与者に相続が開始するまで相続時精算課税の適用が継続されるとともに、その贈与を受ける財産の価額は、相続税の課税価格に加算されます（**この届出書による相続時精算課税の選択は撤回することができません。**）。

○「相続時精算課税選択届出書」は、必要な添付書類とともに**申告書第一表及び第二表**と一緒に提出してください。

作成税理士	㊞	電話番号		

※	税務署整理欄	届出番号	－	名簿		確認	

※印欄には記入しないでください。　（資５－４２－Ａ４統一）（平23.10）

贈与を受けた日以降に作成された以下の添付書類がすべて必要になることに留意

養子縁組など、推定相続人になった理由とその年月日を記入

留意点

- 相続時精算課税を選択した贈与者から贈与を受けた財産について、はじめて相続時精算課税を受ける際に提出する
- 贈与税の申告期限までに、贈与税の申告書に添付して提出する
- もし、贈与を受けた人がこの届出書を提出する前に亡くなった場合、贈与を受けた財産について相続時精算課税の適用を受けるには、贈与を受けた人の相続人全員が連名でこの届出書を、亡くなったことを知った日の翌日から10か月以内に提出する

05 相続税に強い税理士の選び方

相続税の大増税がはじまり、これまで相続税には縁がなかったかもしれない方々にも相続税対策が必要になる時期がやってきました。

相続税対策にはさまざまなものがあり、専門知識が必要になることも多いため、そのすべてをみなさんの子どもの手で行うには限界があります。しかも、相続税という税金は、所得税や消費税といった他の税金ほどには身近ではないため、「そもそも、これまで相続税というものを意識したことがない」という方が大多数だと思います。

そこで、相続税の申告にあたっては税理士さんにお願いすることも多いでしょう。その税理士さん選びにはいくつかのポイントがあります。

●不動産に強いこともポイント

まず、幅広い税務のなかで相続税に強いことが第一です。これは、単に「相続税に詳しい」というだけではなく、相続税の申告業務はもちろんのこと、みなさんの財産が相続税によって失われることのないように配慮し、相続の生じる前から事前に対策を提案できることを含みます。

実際にその税理士さんがどの程度、相続税に詳しいのかは、相続税の申告件数などにより判断します。年間に数件といった程度ではなく、毎月三件、五件と申告している経験が、実務にも活かされていきます。

また、とくに最近は「不動産に強いこと」も大きなポイントになっています。なにより相続税がかかるような人の相続財産としては、不動産が大きなウエートを占めているからです。不動産については、購入はもちろん、所有している間も、売却するときにも、大きなお金が動き、税金もかかります。この分野の税金に詳しい税理士さんに頼むと、手続きがスムーズにすすみ、思わぬ損を被ったりすることもないでしょう。

なお、できれば不動産の税制だけでなく、不動産の購入、維持、売却に詳しい税理士さんならより安心です。ただし、この分野に詳しい税理士さんは少ないのが現実です。

そのほかにも、相続税では非上場株式などの専門知識も求められます。また、税務署への対応の的確さなども大切な要素です。とくに相続税は税務調査もよく行われているので、税務署やその職員への対応が適切に行えることが重要です。

調査立会件数などをオープンにしている税理士事務所もあるので、そのあたりから感触をつかんでみるのもよいでしょう。

税理士など専門家選びのポイント

1 専門家の分類

① 税　理　士 → 相続税の申告をする場合
② 弁　護　士 → 遺産分割などで争いがあり、調停や訴訟が必要な場合
③ 司法書士 → 不動産の変更登記など名義書き換えをする場合
そのほか、必要に応じて不動産コンサルタント、信託銀行、不動産鑑定士などに相談してもよい

2 それぞれのメリット

① 税　理　士 → 相続税の申告を専門に扱っている税理士であれば、高品質なサービスを受けられる
② 弁　護　士 → “争族”がある場合、専門家としてサポートしてもらえる
③ 司法書士 → 相続税の申告も“争族”もない場合は、司法書士がすべての手続きができるので、負担が少なくすむ

3 カシコク頼むコツ

・基本は報酬の比重の大きい税理士をまず選び、登記関係がある場合に司法書士を紹介してもらう
・預金・株式の名義変更については、司法書士の独占業務ではないので、預金・株式の名義変更に必要な資料を金融機関から取り寄せたり、名義変更に必要な資料を整備してくれたりする税理士もいる
・信託銀行の遺産整理手続きでは、財産目録の作成、預金・株式等の名義変更、土地建物の相続登記、遺産分割協議書の作成などを行ってくれる
・税理士事務所では相続税申告とあわせて上記の遺産整理手続きも行うので、はじめから税理士事務所に相続税申告を依頼したほうが割安になる場合もある
・一人の税理士の話を鵜呑みにしないで、複数の税理士を比較検討する
・自宅の近所の税理士である必要はないが、遠方の場合、交通費や出張費などを請求されることもある
・相続税の申告は難易度の差が大きく、申告ミスで千万円単位の相続税を払ってしまう可能性もあるので、なにより申告件数をチェックする

06 税務調査は忘れた頃にやってくる

みなさんの相続が発生してから10か月後までに、子どもは税理士さんと協力をしてやっと相続税の申告も終わり、すべて終わってホッと一息つくことでしょう。

一連の手続きでは、相続税の申告が相続の最後のイベントであることがほとんどですから、お子さんは相続税の申告が終わると「相続が終わった！」と非常に喜ばれます。ところが、みなさんの三回忌が終わる頃、お子さんには申告をお願いした税理士さんから、「税務署から連絡があり、相続税の調査に入りたいそうです。日数は2日間なので、日程調整をお願いします」といった連絡が入ります。もう相続税の申告をしたことすら忘れてしまった頃の突然の連絡で、お子さんは動揺するかもしれませんね。税務調査なんて受けたことがない方が多いでしょうから、「税務署がくる」というだけで身構えてしまうかもしれません。

●なぜ、あなたの子が選ばれるのか

国税庁が公表しているデータによると、ここ数年、相続税の申告対象となる人は年間約5万人、税務調査の件数が年間約1万3０００件ですから、申告の4件に1件くらいは税務調査の対象となっています。つまりお子さんには、税務調査はくるものと伝えておいたほうが無難です。

ところで、税務署はどのようにして税務調査の対象を選んでいるのでしょうか。

税務署では申告書が提出されると、その内容をまず自分たちで調査します。みなさんの過去の確定申告書を調べたり、登記情報や固定資産台帳で不動産情報を調べたり、金融機関に問い合わせをして、申告されていない預金がないかどうか、不自然な入出金がないかどうかなどを調べています。

このような調査に時間がかかるために、税務調査は納税者が忘れた頃にやってくるのです。

このとき対象となるのは、

- **3億円を超えるような高額な相続の申告をした人**
- **事前の調査で申告漏れの財産が見つかった人**
- **過去の収入に比較して申告されている財産が少ない人**
- **大きな借金があるのにそれに見合う財産がない人**
- **亡くなる直前に高額の預金が引き出されている人**

です。このような人は、申告漏れの可能性が高いと判断され、調査の対象となります。

税務調査と最近の相続税調査の動向

1通常の税務調査（任意調査）

申告が適正であれば、調査官からの質問に答えて必要な資料を提出するだけで終わり！

↓

心配はいらない

2強制調査

国税局の査察官がくる！

↓

突然、自宅に上がって家のなかを捜索され、畳の下から金塊が出てくる……これは、いわゆる「マルサ」といわれる査察官の調査

↓

一定の証拠をつかんで捜査令状をもってくる

脱税していない普通の人にはイレギュラーなケース

国税庁の発表によると……

平成23年7月から平成24年6月までに行われた相続税の税務調査

↓

1万3787件

↓

うち1万1159件が申告漏れ等を指摘され、追加で税金を払った！

- **相続税の調査が入った場合、追加で税金を支払う確率は80%超**
- **任意調査でも指摘される申告漏れが多い**

07

税務調査はここを見られる!

通常、相続税の税務調査は2日間にわたりますが、最初は本当に簡単な世間話や雑談からはじまります。調査官が初日の午前中、お子さんに聞いてくるのは、

- **みなさんが生まれてから亡くなるまでの経歴や趣味**
- **相続人それぞれについての簡単な質問**
- **みなさんの病歴や亡くなったときの状況**

などで、相続税の申告とは関係ないような話まで聞かれるのですが、実は、すべての会話から、税務署側は左図に挙げたような情報収集をしています。

●トイレを借りるにも意図がある

また、彼らは会話だけでなく自宅のなかも観察しています。壺や絵画など財産価値があるものがないかどうか、銀行や証券会社、保険会社などのメモ帳、カレンダー、粗品などから、申告されていない財産がないかどうかの情報を収集しています。

調査官が「トイレを借りたい」と話した場合には、本当にトイレに行きたいというだけでなく、トイレにあるカレンダーなども確認しています。銀行からもらったカレンダーであるなら、その銀行との取引がうかがえるからです。

●保管場所に一緒についてくる

さらには、貴重品の保管場所や金庫がある場合には、中身を必ず確認されます。

また、「通帳や印鑑を見せてほしい」といわれて探しに行こうとすると、必ず「一緒に行かせてください」といわれます。

これは、申告されている以外に銀行や証券会社に口座がないか、あるいは、金庫のなかに多額の現金や貴金属などの財産がないかどうかを確認するためです。

同じように、銀行の貸金庫がある場合も、見せてほしいといわれるでしょう。

税務調査にくるということは、ある程度、疑いの目をもたれているという認識をもっておいたほうがよいということになります。

税務調査で申告漏れが指摘されると、お子さんは支払わなければならなかった税金を支払わなければならないのはもちろんのこと、追加のペナルティを支払うことになります。

ですから、子どもが支払わなくていいペナルティを支払うことのないよう、事前の対策をしてあげることが大切です。

調査官との会話には、こんな意図が……

	会話の内容	調査官が知りたいこと
□	親（あなた）の住所の変遷	昔住んでいた場所に預金口座がないか？（海外の口座も含む）
□	親（あなた）の職歴	本人の収入と比較して、申告されている財産は相当かどうか
□	子どもの職歴	子どもの預金が多い場合、贈与されたものや名義預金はないか
□	親（あなた）の性格	コツコツとお金を貯めるタイプか、散財してしまうタイプか？
□	病歴や亡くなったときの状況	入院費の出所の確認、亡くなる直前に引き出されている預金の使い道の確認
□	日常の生活費	収入と比較して多いか少ないか（これによって、残っている財産が変わってくる）
□	親（あなた）の趣味	生活水準の確認、大きなお金の使い道（旅行など）、ゴルフ会員権や書画骨董のような財産がないか
□	お金の管理	本人がしていたか、配偶者がしていたか
□	子どもの預金口座	子どもが知らない預金口座（名義預金）がないか

2013年4月に小社より新書判で刊行された『子どもに迷惑かけたくなければ相続の準備は自分でしなさい』は、2015年2月にコンビニエンスストア限定の図解版が発売されました。本書は、その図解版にPART6を新たに書き下ろしたものです。

図解　子どもに迷惑かけたくなければ相続の準備は自分でしなさい

発行日　2015年2月25日　第1刷

Author	五十嵐明彦
Book Designer	轡田昭彦
本文デザイン＋DTP	イノウエプラス
Publicatio	株式会社ディスカヴァー・トゥエンティワン 〒102-0093　東京都千代田区平河町2-16-1 平河町森タワー11F TEL　03-3237-8321（代表） FAX　03-3237-8323 http://www.d21.co.jp
Publisher	干場弓子
Editor	石塚理恵子　千葉正幸
Marketing Group Staff	小田孝文　中澤泰宏　片平美恵子　吉澤道子　井筒浩　小関勝則　千葉潤子　飯田智樹　佐藤昌幸　谷口奈緒美　山中麻吏　西川なつか　古矢薫　伊藤利文　米山健一　原大士　郭迪　松原史与志　蛯原昇　中山大祐　林拓馬　安永智洋　鍋田匠伴　榊原僚　佐竹祐哉　塔下太朗　廣内悠理　安達情未　伊東佑真　梅本翔太　奥田千晶　田中姫菜　橋本莉奈
Assistant Staff	俵敬子　町田加奈子　丸山香織　小林里美　井澤徳子　橋詰悠子　藤井多穂子　藤井かおり　葛目美枝子　竹内恵子　熊谷芳美　清水有基栄　小松里絵　川井栄子　伊藤由美　伊藤香　阿部薫　松田惟吹　常徳すみ
Operation Group Staff	松尾幸政　田中亜紀　中村郁子　福永友紀　山﨑あゆみ　杉田彰子
Productive Group Staff	藤田浩芳　原典宏　林秀樹　三谷祐一　石橋和佳　大山聡子　大竹朝子　堀部直人　井上慎平　松石悠　木下智尋　伍佳妮　張俊崴
編集協力	菱田編集企画事務所
Proofreader	鷗来堂
Printing	大日本印刷株式会社

ISBN978-4-7993-1644-3